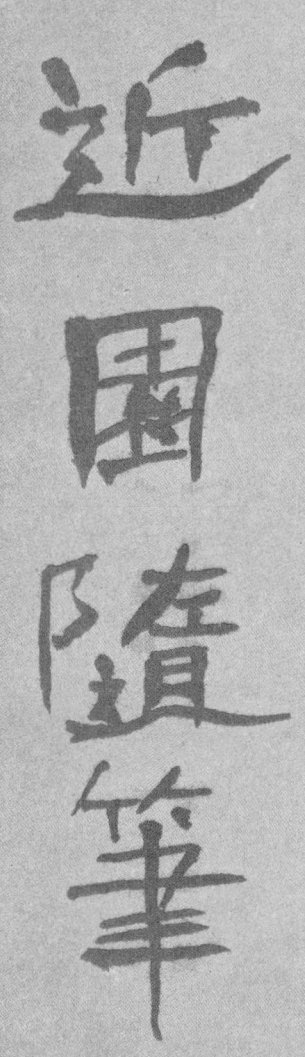

近園隨筆

冊책衣의裝장幀정
門문扉비題제字자

著저者자
金김聖성蘭란（十십歲세）
（著저者자令영愛애）

黔驢四十五歲像

善夫孤獨

목차

I

- 011 매화(梅花)
- 018 게(蟹)
- 023 검려지기(黔驢之技)
- 030 조어삼매(釣魚三昧)
- 035 구와꽃
- 037 두꺼비 연적(硯滴)을 산 이야기
- 042 머리
- 047 답답할손 X선생
- 051 팔 년 된 조끼
- 054 안경
- 058 동해로 가던 날
- 063 추사(秋史) 글씨
- 067 김 니콜라이
- 072 은행이라는 곳
- 077 답답한 이야기
- 082 이동음식점(移動飮食店)
- 084 신형 주택

086   노시산방기(老柿山房記)

094   육장후기(鬻莊後記)

103   원수원(袁隨園)과 정판교(鄭板橋)와 빙허(憑虛)와 나와

107   생각나는 화우(畵友)들

II

119   시(詩)와 화(畵)

124   예술에 대한 소감

126   골동설(骨董說)

130   거속(去俗)

135   조선조의 산수화가

149   최북(崔北)과 임희지(林熙之)

159   오원(吾園) 일사(軼事)

173   승가사(僧伽寺)의 두 고적(古蹟)

185   광개토왕 호우(壺杅)에 대하여

199   발(跋)

I

梅花
매화

  댁에 매화가 구름같이 피었더군요. 가난한 살림도 때로는 운치가 있는 것입니다. 그 수묵(水墨) 빛깔로 퇴색해 버린 장지 도배에 스며드는 묵흔(墨痕)처럼 어렴풋이 한두 개씩 살이 나타나는 완자창(卍字窓) 위로 어쩌면 그렇게도 소담스런, 희멀건 꽃송이들이 소복(素服)[1]한 부인네처럼 그렇게도 고요하게 필 수가 있습니까.

  실례의 말씀이오나 '하도 오래간만에 우리 저녁이나 같이 하자'고 청하신 선생의 말씀에 서슴지 않고 응한 것도 실은 선생을 대한다는 기쁨보다는 댁에 매화가 성개(盛開)하였다는 소식을 들은 때문이요, 십 리나 되는 비탈길을 얼음 빙판에 코방아를 찧어가면서 그 초라한 선생의 서

---

1) 하얗게 차려입은 옷.

재를 황혼 가까이 찾아갔다는 이유도 댁의 매화를 달과 함께 보려 함이었습니다.

매화에 달 이야기가 났으니 말이지 흔히 세상에서들 매화를 말하려 함에 으레 암향(暗香)[2]과 달과 황혼을 들더군요.

선생의 서재를 황혼에 달과 함께 찾았다는 나도 속물이거니와, 너무나 유명한 임포(林逋)[3]의 시가 때로는 매화를 좀더 신선하게 사랑하고 싶은 사람에게는 한 방해물이 되기도 하는 것입디다.

화초를 상완(賞玩)[4]하는 데도 매너리즘이 필요할 까닭이 있나요.

댁에 매화가 구름같이 자못 성관(盛觀)으로 피어 있는 그 앞에 토끼처럼 경이의 눈으로 쪼그리고 앉은 나에게 두보(杜甫)의 시구나 혹은 화정(和靖)의 고사(故事)가 매화의 품위를 능히 좌우할 여유가 있겠습니까.

하고많은 화초 중에 하필 매화만이 좋으란 법이 어디 있나요. 정이 든다는 데는 아무런 조건이 필요하지 않는

---

[2] 그윽이 풍기는 향기.
[3] 중국 북송(北宋)의 시인.
[4] 좋아하여 보고 즐김. 완상(翫賞).

가 봅디다.

 계모 밑에 자란 자식은 배불리 먹어도 살이 찌는 법이 없고, 남자가 심은 난초는 자라기는 하되 꽃다움이 없다는군요.

 대개 정이 통하지 않은 소이(所以)라 합니다.

 연래(年來)로 나는 하고많은 화초를 심었습니다. 봄에 진달래와 철쭉을 길렀고, 여름에 월계와 목련과 핏빛처럼 곱게 피는 달리아며, 가을엔 울 밑에 국화도 심어보았고, 겨울이면 내 안두(眼頭)에 물결 같은 난초와 색시 같은 수선이며 단아한 선비처럼 매화분(梅花盆)을 놓고 살아온 사람입니다. 철 따라 어느 꽃 어느 풀이 아름답고 곱지 않은 것이 있으리오마는 한 해 두 해 지나는 동안 내 머리에서 모든 꽃이 다 사라져버렸습니다. 그러나 오히려 내 기억에서 종시 사라지지 않는 꽃, 매화만이 유령처럼 내 신변을 휩싸고 떠날 줄을 모르는구려.

 매화의 아름다움이 어디 있나뇨?

 세인(世人)이 말하기를 매화는 늙어야 한다 합니다. 그 늙은 등걸이 용의 몸뚱어리처럼 뒤틀려 올라간 곳에 성긴 가지가 군데군데 뻗고 그 위에 띄엄띄엄 몇 개씩 꽃이 피는 데 품위가 있다 합니다.

매화는 어느 꽃보다 유덕(有德)한 그 암향이 좋다 합니다.

백화(百花)가 없는 빙설리(氷雪裏)에서 홀로 소리쳐 피는 꽃이 매화밖에 어디 있느냐 합니다.

혹은 이러한 조건들이 매화를 아름답게 꾸미는 점일는지도 모르겠습니다. 그러나 내가 매화를 사랑하는 마음은 실로 이러한 많은 조건이 멸시된 곳에 있습니다.

그를 대하매 아무런 조건 없이 내 마음이 황홀하여지는데야 어찌하리까.

매화는 그 둥치를 꾸미지 않아도 좋습니다. 제 자라고 싶은 대로 우뚝 뻗어서 제 피고 싶은 대로 피어오르는 꽃들이 가다가 훌쩍 향기를 보내기도 하고, 또 어느 때는 제가 방 한구석에 있는 체도 않고 은사(隱士)처럼 겸허하게 앉아 있는 품이 그럴듯합니다.

나는 구름같이 핀 매화 앞에 단정히 앉아 행여나 풍겨오는 암향을 다칠 세라 호흡도 가다듬어 쉬면서 격동하는 심장을 가라앉히기에 힘을 씁니다. 그는 앉은자리에서 나에게 곧 무슨 이야긴지 속삭이는 것 같습니다.

매화를 대할 때의 이 경건해지는 마음이 위대한 예술을 감상할 때의 심경과 무엇이 다르겠습니까.

내 눈앞에 한 개의 대리석상이 떠오릅니다. 그리스에서

도 유명한 페이디아스[5]의 작품인가 보아요.

다음에 운강(雲崗)과 용문(龍門)의 거대한 석불들이 아름다운 모든 조건을 구비하고서 내 눈앞에 황홀하게 나타납니다.

그러나 수유(須臾)[6]에 이 여러 환영들은 사라지고 신라의 석불이 그 부드러운 곡선을 공중에 그리면서 아무런 조건도 없이 눈물겨웁도록 아름다운 자세로 내 눈을 현황(眩慌)하게 합니다.

그러다가 나는 다시 희멀건 조선조의 백사기(白沙器)를 봅니다. 희미한 보름달처럼 아름답게, 조금도 그의 존재를 자랑함이 없이 의젓이 제자리에 앉아 있습니다. 그 수줍어하는 품이 소리쳐 불러도 대답할 줄 모를 것 같구려. 고동(古銅)의 빛이 제아무리 곱다 한들, 용천요(龍泉窯)[7]의 품이 제아무리 높다 한들 이렇게도 적막한 아름다움을 지닐 수 있겠습니까.

댁에 매화가 구름같이 핀 그 앞에서 나의 환상은 한없

---

5) 고대 그리스의 조각가.
6) 짧은 시간.
7) 중국 저장성 룽취안시(龍泉市)에 있던 중국 최대의 청자 제작지. 송나라 때부터 청나라 때까지 아름다운 청자를 많이 생산하였다.

이 전개됩니다. 그러다가 다음 순간 나는 매화와 석불과 백사기의 존재를 모조리 잊어버립니다. 그리고 잔잔한 물결처럼 내 마음은 다시 고요해집니다. 있는 듯 만 듯한 향기가 내 코를 스치는구려. 내 옆에 선생이 막 책장을 넘기시는 줄을 어찌 알았으리요.

요즈음은 턱없이 분주한 세상이올시다. 기실 나 남 할 것 없이 몸보다는 마음이 더 분주한 세상이올시다.

바로 일전(日前)이었던가요. 어느 친구와 대좌하였을 때 내가 "X선생 댁에 매화가 피었다니 구경이나 갈까?" 하였더니 내 말이 맺기도 전에 그는 "자네도 꽤 한가로운 사람일세" 하고 조소(嘲笑)[8]를 하는 것이 아닙니까.

나는 먼산만 바라보았습니다.

어찌어찌하다가 우리는 이다지도 바빠졌는가. 물에 빠져 금시에 죽어가는 사람을 보고 '그 친구 인사나 한 자였다면 건져주었을 걸' 하는 영국풍의 침착성은 못 가졌다 치더라도, 이 커피는 맛이 좋으니 언짢으니, 이 그림은 잘 되었느니 못 되었느니 하는 터수에 빙설을 누경(屢經)[9]하여 지루하게 피어난 애련한 매화를 완상(玩賞)할 여유조차

---

8) 빈정거리거나 업신여기듯 웃는 웃음.
9) 연거푸 이겨냄.

없는 이다지도 냉회(冷灰)같이 식어버린 우리네의 마음이리까?

정해(丁亥) 입춘 X선생댁의 노매(老海)를 보다

蟹
게

　정소남(鄭所南)[1]이란 사람이 난초를 그리는데 반드시 그 뿌리를 흙에 묻지 아니하니 타족(他族)에게 짓밟힌 땅에 개결(槪潔)[2]한 몸을 더럽히지 않으려 함이란다.

　붓에 먹을 찍어 종이에다 환을 친다는 것이 무엇이 그리 대단한 노릇이리요마는 사물의 형용을 방불하게 하는 것만으로 장기(長技)로 치는 데 그치지 않고, 자연을 빌어 작가의 청고(淸高)한 심경을 호소하는 한 방편으로 삼는다는 데서 비로소 환이 예술로 등장할 수 있고 예술을 위하여 일생을 바치기도 하는 것이다.

---

1) 13세기 송말원초(宋末元初)의 시인.
2) 성품이 깨끗하고 굳음.

그런데 나란 사람이 일생을 거의 삼분의 이나 살아온 처지에 아직까지 나 자신 환쟁인지 예술가인지까지도 구별하지 못한다는 것은 딱하고도 슬픈 내 개인 사정이거니와, 되든 안 되든 그래도 예술가답게나 살아보다가 죽자고 내 딴엔 굳은 결심을 한 지도 이미 오래다. 되도록 물욕과 영달에서 떠나자, 한묵(翰墨)으로 유일한 벗을 삼아 일생을 담박(淡泊)하게 살다 가자 하는 것이 내 소원이라면 소원이라 할까.

이 오죽잖은 나한테도 아는 친구 모르는 친구한테로부터 시혹(時或)[3] 그림 장이나 그려 달라는 부질없는 청을 받는 때가 많다. 내 변변치 못함을 모르는 내가 아닌지라 대개는 거절하고 마는 것이나, 그러나 경우에 따라서는 할 수 없이 청에 응하는 수도 있고, 또 가다가는 자진해서 도말(塗抹)[4] 해 보내는 수도 없지 아니하니, 이러한 경우에 택하는 화제(畵題)란 대개가 두어 마리의 게를 그리는 것이다.

게란 놈은 첫째, 그리기가 수월하다. 긴 양호(羊毫)[5]에

---

3) 어떤 때.
4) 겉에 무엇을 발라서 본래의 모습이 드러나지 않게 함.
5) 양털로 부드럽게 촉을 만든 붓.

수묵을 듬뿍 묻히고 호단(毫端)[6]에 초묵(焦墨)을 약간 찍어두어 붓 좌우로 휘두르면 앙버티고 엎드린 꼴에 여덟 개의 긴 발과 앙증스런 두 개의 집게발이 즉각에 하얀 화면에 나타난다. 내가 그려놓고 보아도 붓장난이란 묘미가 있는 것이로구나 하고 스스로 기뻐할 때가 많다. 그리고는 화제를 쓴다.

>滿庭寒雨滿汀秋(만정한우만정추)
>정원 가득 찬비 내려 물가에 가을빛 가득하니
>得地縱橫任自由(득지종횡임자유)
>땅 위로 종횡으로 다니니 자유롭구나
>公子無腸眞可羨(공자무장진가선)
>공자(게)는 내장이 없어 진실로 부럽네
>平生不識斷腸愁(평생불식단장수)
>평생을 두고 애끓는 슬픔을 모를 것이네

역대로 게를 두고 지은 시가 이뿐이랴만 내가 쓰는 화제는 십중팔구 윤우당(尹于堂)[7]의 작(作)이라는 이 시구를

---

6) 붓끝.
7) 윤희구(尹喜求). 일제강점기의 유학자이며 관료.

인용하는 것이 항례다.

왕세정(王世貞)[8]의 "橫行能幾何(횡행능기하), 終當墮人口(종당타인구)"[9] 하는 대문도 묘하기는 하나 무장공자(無腸公子)[10]로서 단장(斷腸)[11]의 비애를 모른다는 대문이 더 내 심금을 울리기 때문이다.

이 비애의 주인공은 실로 나 자신이 아닌가. 단장의 비애를 모르는 놈, 약고 영리하게 처세할 줄 모르는 눈치 없는 미물! 아니 나 자신만이 아니라 우리 민족 중에는 또한 이러한 인사(人士)가 너무나 많지 않은가.

맑은 동해변 바위틈에서 미끼를 실에 매어 달고 이 해공(蟹公)을 낚아본 사람은 대개 짐작하리라. 처음에는 제법 영리한 듯한 놈도 내다본 체 않다가 콩알만큼씩한 새끼 놈들이 먼저 덤비고 그 곁두리를 보아가면서 차츰차츰 큰 놈들이 한꺼번에 몰려나와 미끼를 뺏느라고 수십 마리가 한 덩어리가 되어 동족상쟁을 하는 바람에 그때 실을 번쩍 치켜 올리면 모조리 잡혀서 어부의 이(利)가 되

---

8) 중국 명나라의 문학자.
9) 옆으로 기어간들 얼마나 갈 것이냐, 끝내는 사람 입에 떨어질 것을.
10) 게.
11) 창자가 끊어지다.는 듯하게 견딜 수 없는 슬픔이나 괴로움.

게 하고 마는 것이다.

어리석고 눈치 없고 꼴에 서로 싸우기 잘하는 놈!

귀엽게 보면 재미나고, 어리석게 보면 무척 동정이 가고, 밉살스레 보면 가증(可憎)하기 짝이 없는 놈!

게는 확실히 좋은 화제다. 내가 즐겨 보내고 싶은 친구에게도 좋은 화제가 되거니와 또 뻔뻔스럽고 염치없는 친구에게도 그려 보낼 수 있는 확실히 좋은 화제다.

滿庭寒雨滿汀秋(만정한우만정추)
정원 가득 찬비 내려 물가에 가을빛 가득하니
得地縱橫任自由(득지종횡임자유)
땅 위로 종횡으로 다니니 자유롭구나
公子無腸眞可羨(공자무장진가선)
공자(게)는 내장이 없어 진실로 부럽네
平生不識斷腸愁(평생불식단장수)
평생을 두고 애끓는 슬픔을 모를 것이네

黔驢之技
검려지기[1]

　선가(禪家)의 애송하는 「심우송(尋牛頌)」이 하도 좋아서 호(號)를 짓되 우산(牛山)이라 하였다. 이 호는 꽤 오랫동안 행세를 하여서 지금도 거리에서 "우산!" 하고 부르는 사람이 있어 돌아다 보면 옛날 친구라 반가이 만나는 수가 많다.

　아호(雅號)란 것은 이름 대신 부르는 것이어서 이것저것 여러 개를 가질 필요도 없거니와 더구나 현대에 사는 우리로서는 서화(書畵)나 하는 사람 외에는 구태여 가져야만 행세를 한다는 법도 없다.

　호를 자주 간다든지 괜히 여러 가지를 쓴다든지 하는 사람은 중심이 약한 사람이란 평들도 있고 그보다도 우선 남 보기에 턱없이 요란스럽게 보일 것도 같아서, 추사

---

1) 검주에 사는 당나귀의 재주라는 뜻으로, 자신의 보잘것없는 기량을 모르고 뽐내다가 화를 부름을 비유적으로 이르는 말.

(秋史) 같은 분이 여러 가지 운치스런 호를 쓴 것을 볼 때는 나도 좋은 호를 몇 개쯤 더 가져보았으면 하다가도, 에라 그만두어라, 백(百) 모로 뜯어보아도 소란 놈이 오죽 좋으냐 싶어서 우산(牛山) 하나만으로 버티고 말려 하였다.

그랬던 것이 한때 이 국토 안에 이상도 하고 야릇도 한 전고(前古)에 못듣던 괴소동이 일어났다. 욕설이 많기로 유명한 이 조선 땅에서도 '변성명(變姓名)[2]을 할 녀석' 하면 목숨을 내걸고 싸우려 드는, 욕설 중에도 해괴망측한 욕설이, 가자(假字) 아닌 진자(眞字)로 창씨(創氏)란 간판을 걸고 우리 겨레를 습격해 왔다.

내가 창씨한 사람의 열에 끼이지 아니했다는 것쯤 그다지 자랑스러울 것도 못 되지만, 한번은 어떤 입버릇 험한 친구가 "우시야마 요시오(牛山善夫)" 하고 일본말로 웃으며 부른다. "에끼! 망할 친구" 하고 곧 배앝아버렸으나 두고두고 불유쾌해 견딜 수 없다.

선부(善夫)라는 것은 내 자(字)다. 고향이 선산(善山)임으로 해서 선부라 한 것이요, 또 한시에 '농어를 낚을 뿐 이름을 낚지 않네(只釣鱸魚不釣名(지조로어불조명))'라는 대문을

---

2) 성과 이름을 다른 것으로 고침.

'농어를 낚지 않고 이름만을 낚는구나(不釣鱸魚只釣名(불조로어지조명))' 하고 보면 한층 격이 높은 셈으로, 불선부(不善夫)라, 혹은 악부(惡夫)라 하기보다 차라리 선부(善夫)라 하여 그 뜻을 반전시키는 것이 그럴듯하여 필명으로 한두 번 쓴 것인데, 이 친구가 호와 자를 맞붙이고 보니 그대로 일본명이 되는지라 '옳다 됐구나' 하고 놀려댄 것이다.

그 길로 나는 호를 갈기로 작정했고 그 뒤로 지은 호는 마침내 한두 개가 아니었다. 매화를 사랑하여 매정(梅丁)[3]이라고도 하고, 감나무 집에 살아서 노시산인(老枾山人)이라고도 했다. 또 평생 남의 흉내나 겨우 내다가 죽어버릴 인간이라 근원(近猿)이라고도 했더니 같은 동물에 같은 글자이면서도 밉고 고운 놈이 있는지 아호에다 원(猿, 원숭이) 자만은 붙이기가 딱 싫어서 원(園, 동산) 자로 고치고 말았다.

실은 청말(淸末)에 나와 꼭같은 김근원(金近園)이란 사람의 호를 보고 무슨 인연으론지 근(近) 자 한 자가 두고두고 못 잊혀서 그 아랫자를 다른 자로 고르다 못해 종내 원(猿) 자가 되었다가 급기야엔 원(園)으로 돌아가고만 것이다.

---

3) 이태준의 『무서록』 장정을 할 때 매정(梅丁)이라는 호를 사용했다.

요즈음 희떠운 친구들이 "자네의 근원(近園)이란 호는 단원(檀園)[4]이나 오원(吾園)[5]에 가깝다는 뜻인가?" 하고 조롱하는 친구가 있으나 내 취미가 진실로 그렇게까지 저급이 아닌 것만은 명백히 해둔다.

사람의 성질이란 한번 빗나가기만 하면 소지(素志)[6]를 잊어버리기 쉬운 이상한 일면이 있는 것이라. 그래서 이 타락하기 쉬운 일면의 성질 때문에 흔히 소지를 굽힌 인사들이 처음에는 자기 일신의 호신책에서 출발하여 나중에는 조상을 팔아먹고 민족과 국가를 팔아먹게까지 되는지도 모르나, 호를 한 개만 가지리라 하고 고집하던 내가 나도 모르는 동안 요놈은 요러해서 좋고 저놈은 저러해서 좋아서 꽤 여러 개 호를 가지게 되었다. 위에 말한 몇 가지 외에도 벽루(碧樓)라 석우동인(石隅洞人)이라 혹은 득월루주인(得月樓主人)이라 혹은 심화애설지려(尋花愛雪之廬)라 또 혹은 식연자자실주인(食硯煮字室主人)이라 하는 등 아마 이 밖에도 좋아라고 한두 번 쓰고는 잊어버린 호가 몇 개 되는지도 모른다.

---

4) 조선 후기의 화가 김홍도(金弘道).
5) 조선 후기의 화가 장승업(張承業).
6) 본래부터 품은 뜻.

같은 유명한 화가지만 정판교(鄭板橋)[7]나 팔대산인(八大山人)[8] 같은 이는 호가 많지 않은 관계로 당대에 성명(盛名)이 천하에 떨쳤고, 석도제(釋道濟)[9] 같은 이는 하도 행호(行號)가 많아서 당시에 그를 아는 인사가 변변치 못하였다 하니, 혹은 공리적으로 생각하여 헛된 이름이라도 필요한 사람이라면 모르거니와, 장자(莊子)의 말을 빌지 않더라도 '명자(名者)는 실지빈(實之賓)'이라, 빈(賓)을 위하여 실(實)을 희생시킬 연유가 어디 있나뇨.

호를 짓는 장난도 일종 풍류라 내 하는 짓이 종시 풍류로 끝막고 말 바에야 구구하게 남이 내 이름 알고 모름에 개의할 바 있으랴.

한데 근간에 썩 좋은 호 하나를 또 얻었다. 가로되, '검려(黔驢)'라.

어느 선배 한 분이 내 인상이 험하다 하여 꼭 검려라고 했으면 좋겠다는 것이다.

검주(黔州)라는 땅에는 나귀가 없었다.

장난꾼 한 녀석이 나귀 한 마리를 끌어다 산 밑에 매어

---

7) 중국 청나라 때 화가이자 시인 정섭(鄭燮).
8) 중국 청나라 때의 승려이며 문인이었던 화가.
9) 중국 청나라 때의 화가.

두었다.

호랑이란 놈이 하루는 내려와 보니까 생전 들도 보도 못하던 이상한 동물이 떡 버티고 섰는데 '방연대물야(龐然大物也)'[10]라, 거무뭉툴한 놈이 커다란 눈깔을 껌벅거리며 섰는 꼴이 어마어마하게 무섭게 보였던지 이건 아마 산신령님인가 보다 하였지.

나귀란 놈이 소리를 냅다 지르는데 호랑이란 놈이 깜짝 놀라 걸음아 날 살려라 하고 도망을 갔것다.

그러나 그 후 매일 듣고 나니 그까짓 소리쯤 무서울 것 없다. 한번은 바짝 덤벼들어 나귀를 못살게 굴었더니 나귀란 놈이 귀찮아서 뒷발로 냅다 걷어찼다. 호랑이가 보니까 기껏했자 나귀의 재주란 그뿐인 모양이라 그만 와락 달려들어 물어뜯고 발길로 차고 하여 죽여버렸다.

유종원(柳宗元)[11]의 글 가운데 나오는 이야기다.

아마 나란 사람이 처음 대할 때 인상이 험하고 사귀기 어렵고 심사도 고약한 듯하다가 실상 알고 보면 하잘것없는 못난이요 바본데 공연히 속았구나. 나와 만나고 사귀고 하는 사람은 누구나 이렇게 생각되나 보다.

---

10) 엄청나게 큰 놈이다.
11) 중국 당나라 때의 문인. 당송팔대가(唐宋八大家)의 한 사람.

그래서 나를 검려라고 이분은 말한 것이었으나 나는 이 검주의 나귀에서 더 절실하게 나를 풍자하는 일면을 느낀다.

그놈은 어리석지 아니하냐. 자기의 우졸(愚拙)함을 감추지 못하는 바보가 아니냐. 좀 영리하여 장졸(藏拙)하는 지혜쯤 가졌어야 험한 세파를 헤치고 살아갈 수 있지 않으냐. 어쩌면 그렇게도 야단스런 차림새를 하고 어쩌면 그렇게도 시원찮은 발길질을 눈치도 없이 쉽사리 하여 금시에 남의 놀림감이 된단 말이냐. 고양이처럼 영리하든지 양처럼 선량하든지 사슴처럼 날래든지 그렇지 않으면 공작새처럼 화려나 하든지 그도저도 못 되는 허울 좋은 나귀!

게다가 또 못생긴 값에 재주까지 부리느라고 논다는 꼴이 남의 수치(羞恥)만 사는 짐승!

오호라! 나도 이 나귀처럼 못생긴 인간인가! 나도 이 나귀처럼 못생긴 재주밖에 못 부리는가.

釣魚三昧
조어삼매[1]

烏紗擲去不爲官(오사척거불위관)

관직을 내던지고 벼슬을 아니 하니

囊橐蕭蕭兩袖寒(낭탁소소양수한)

주머니는 텅 비고 소매마저 썰렁하네

寫取一枝淸瘦竹(사취일지청수죽)

한 줄기 말끔한 여윈 대나무 한 폭 그려내어

秋風江上作漁竿(추풍강상작어간)

바람 부는 가을 강가에 낚싯대나 만들어볼까

― 판교(板橋) 시의 일절

오십이 넘은 판교(板橋)는 마음에 맞지 않는 관직을 버

---

1) 고기 낚는 취미로 삼매경에 몰입하다.

리고 거리낌 없는 자유로운 심경에서 여생을 보냈다.

"청수한 한 폭 대를 그리어 추풍강상(秋風江上)에 낚대나 만들까 보다."

궁핍을 면할 양으로 본의 아닌 생활을 계속하느니보다 모든 속사(俗事)를 버리고 표연히 강상(江上)의 어객(漁客)이 되는 것이 운치 있는 생활이기도 하려니와 얼마나 자유를 사랑하는 청고(淸高)한 마음이냐. 고기를 낚는 취미도 실로 삼매경(三昧境)에 몰입할 수 있는 좋은 놀음이다.

푸른 물이 그득히 담긴 못가에서 흐느적거리는 낚싯대를 척 휘어잡고 바늘에 미끼를 물린다.

가장자리에는 물이끼들이 꽉 엉켰을 뿐 아니라 고기도 송사리떼밖에 오지 않는지라, 팔 힘 자라는 대로 낚싯줄이 허(許)하는 대로 되도록 멀리 낚시를 던져 조금이라도 큰 고기를 잡을 양으로 한껏 내던져도 본다. 퐁당 물결이 여울처럼 흔들리고 나면 거울 같은 수면에 찌만이 외롭게 슬프게 곤추서 있다.

한 점 찌는 객이 되고 나는 주인이 되어 알력과 모략과 시기와 저주로 꽉 찬 이 풍진 세상을 등뒤로 두고 서로 무언의 우정을 교환한다.

내 모든 정열을 오로지 외로이 떠 있는 한 점 찌에 기울이고 있노라면, 가다가 별안간 이 한 점 찌는 술취한 놈처럼 까딱까딱 흔들리기 시작한다.

'고기가 왔구나!'

다음 순간, 찌는 물 속으로 자꾸 딸려 들어간다.

'옳다, 큰 놈이 물린 게로군.'

잡아당길 때 무거울 것을 생각하면서 배꼽에 힘을 잔뜩 주고 행여나 낚대를 놓칠세라 두 손으로 꽉 붙잡고 번쩍 치켜올리면, 허허 이런 기막힌 일도 있을까. 큰 고기는커녕 어떤 때는 방게란 놈이 달려 나오고, 어떤 때는 개구리란 놈이 발버둥을 치는 수가 많다. 하면 되는 줄만 알았던 낚시질도 간대로[2] 우리 따위까지 단번에 되란 법은 없나 보다.

세상일이란 모조리 그러한 것이리라. 마는 아무리 내 재주가 서툴다기로서니 개구리나 방게란 놈들도 염치가 있지 속어(俗語)에 이르기를 숭어가 뛰니 망둥이도 뛴다는 셈으로 나는 나대로 제법 강상의 어객인 양 하고 나섰는 판에 그래도 그럴듯 미끈한 잉어까지야 못 물린다손 치더라도 고기도 체면은 알 법한지라, 하다 못해 붕어 새끼

---

2) 그리 쉽사리.

쯤이야 안 물리랴 하는 판에, 얼토당토않은 구역질 나는 놈들이 제가 젠 체하고 가다듬은 내 마음을 더럽힐 줄 어찌 알았으랴.

세상이 하 뒤숭숭하니 고요히 서재나 지키어 한묵(翰墨)의 유희로 푹 박혀 있자는 것도 말처럼 쉽사리 되는 것은 아니라, 그렇다고 거리로 나가 성격 파산자처럼 공연스레 왔다갔다하기도 부질없고, 보이는 것 들리는 것이 모조리 심사 틀리는 소식밖엔 없어 그래도 죄 없는 곳은 내 서재니라 하여 며칠만 틀어박혀 있으면 그만 속에서 울화가 터져 나온다.

위진(魏晉)간에 심산벽촌(深山僻村)에 은거하여 청담(淸談)이나 일삼던 그네의 심경을 한때는 욕을 한 적도 있었으나, 막상 나 자신이 그런 심경에 처해 있고 보니 고인(古人)의 불우한 그 심정을 넉넉히 동감하게 된다.

白髮漁樵江渚上(백발어초강저상)에 慣看秋月春風(관간추월춘풍)이라 一壺濁酒(일호탁주)로 喜相逢(희상봉)하여 古今多少事(고금다소사)를 都付笑談中(도부소담중)[3] 하자는 시기나 되었으면 또 좋으련마는 우리 눈앞에 깃들이고 있는 현실은

---

3) 강에서 고기잡는 늙은이들은 가을달과 봄바람을 구경하면서 서로 만나 반가워 탁주 한 병 놓고 고금의 수많은 일들을 웃음 속의 담소에 부쳐버리네

그렇게도 못 된다.

하도 답답하여 시혹(時或) 틈을 내어 강상(江上)의 어별(魚鼈)[4]로 벗이나 삼을까 하여 틀에 어울리지 않는 낚대를 둘러메고 나가는 날이면 기껏해야 이따위 봉욕(逢辱)[5]이나 당하고 돌아오기가 일쑤다.

고왕금래(古往今來)에 세상이란 언제나 이러한 것인가? 개구리까지도 망둥이까지도 나를 멸시하는, 아니 그 더러운 멸시를 받고도 꼼짝달싹할 수 없는 세상이란 원래 이러한 것인가.

아아!

잉어가 보고 싶다. 그 희멀건 눈을 번뜩거리며 끼끗한 신사의 체구를 가진 잉어가 연잎과 연잎 사이로 자유스럽게 유유히 왕래하는, 현명한 신사 잉어가 보고 싶다.

---

4) 물고기와 자라.
5) 욕된 일을 당함.

구와꽃[1]

 가을 소식을 제일 먼저 전해주는 꽃이 있다. 흐린 공기와 때묻은 나뭇잎들만이 어른거리는 서울의 거리를 거닐다보면, 가다오다 좁다란 골목 속 행랑살이 문 앞에 혹은 쓰레기통 옆에 함부로 심어 컸을망정 난만(爛漫)[2]하게 피어 하늘거리는 꽃이 있다.

 희고 붉고 혹은 보랏빛으로 가느다란 화판(花瓣)이 색술처럼 늘어지고, 씨 앉는 자리가 해바라기처럼 중심을 버티어서 한두 송이 간혹 서너 송이씩, 여름으로서는 바람이 제법 건들거리고 가을이라기에는 햇볕이 지나치게 따가운 요즈음 철기에 가련하게 피는 꽃이 있다.

 서울서는 이 꽃을 구와라 혹은 칠월국화라 하고, 지방

---

1) 과꽃.
2) 꽃이 피어 무르익은 모양.

에 따라서는 왜국화(倭菊花) 또는 당국화(唐菊花)라 부르는 곳도 있다.

  꽃 모양, 잎새 모양, 줄기 뻗은 꼴까지 이렇다 할 화려함도 없고 그럴듯한 품위나 아취(雅趣)[3]도 보이지 않는다. 그러나 다른 꽃에서 보기 드문 보랏빛이 있다는 탓인지, 꽃철이 아닌 이 계절에 유난스럽게 씩씩하게 피어나는 탓인지, 아무런 특색이 없는데도 불구하고 어딘지 모르게 버릴 수 없는 정취(情趣)가 있고 애착을 주는 것이 이 꽃의 특색이다.

  더군다나 훨훨 자유스럽게 넓은 화단에 피지도 못하고, 제법 값 높은 화분에나 좋은 흙에 담기지도 못했건만, 깡통 속에서 자배기쪽 속에서 오히려 아무런 불평도 없이 낭만(浪漫)하게 자유스럽게 그 개성을 충분히 발휘하는 이 꽃을 나는 존경하지 않을 수 없다.

---

[3] 고아한 정취.

두꺼비 연적(硯滴)을 산 이야기

골동집 출입을 경원(敬遠)한 내가 근간에는 학교에 다니는 길 옆에 꽤 진실성 있는 상인 하나가 가게를 차리고 있기로 가다오다 심심하면 들러서 한참씩 한담(閑談)을 하고 오는 버릇이 생겼다.

하루는 집으로 돌아오는 길에 또 이 가게에를 들렀더니 주인이 누릇한 두꺼비 한 놈을 내놓으면서 "꽤 재미나게 됐지요" 한다.

황갈색으로 검누른 유약을 내려 씌운 두꺼비 연적(硯滴)인데 연적으로서는 희한한 놈이다.

사오십 년래로 만든 사기(砂器)로서 흔히 부엌에서 고추

장, 간장, 기름 항아리로 쓰는 그릇 중에 이따위 검누른 약을 바른 사기를 보았을 뿐 연적으로서 만든 이 종류의 사기는 초대면이다.

두꺼비로 치고 만든 모양이나 완전한 두꺼비도 아니요, 또 개구리는 물론 아니다.

툭 튀어나온 눈깔과 떡 버티고 앉은 사지(四肢)며 아무런 굴곡이 없는 몸뚱어리—— 그리고 그 입은 바보처럼 '헤—' 하는 표정으로 벌린데다가, 입 속에는 파리도 아니요 벌레도 아닌, 무언지 알지 못할 구멍 뚫린 물건을 물렸다.

콧구멍은 금방이라도 벌룸벌룸할 것처럼 못나게 뚫어졌고, 등어리는 꽁무니에 이르기까지 석 줄로 두드러기가 솟은 듯 쪽 내려 얽게 만들었다.

그리고 유약을 갖은 재주를 다 부려가면서 얼룩얼룩하게 내려 부었는데, 그것도 가슴편에는 다소 희멀끔한 효과를 내게 해서 구석구석이 교(巧)하다느니보다 못난 놈의 재주를 부릴 대로 부린 것이 한층 더 사랑스럽다.

요즈음 골동가들이 본다면 거저 준 대도 안 가져갈 민속품이다. 그러나 나는 값을 물을 것도 없이 덮어놓고 사기로 하여 가지고 돌아왔다. 이날 밤에 우리 내외간에는 한바탕 싸움이 벌어졌다.

쌀 한 되 살 돈이 없는 판에 그놈의 두꺼비가 우리를 먹여 살리느냐는 아내의 바가지다.

이런 종류의 말다툼이 우리집에는 한두 번이 아닌지라 종래는 내가 또 화를 벌컥 내면서 "두꺼비 산 돈은 이놈의 두꺼비가 갚아줄 테니 걱정 말아"라고 소리를 쳤다. 그러한 연유로 나는 이 잡문을 또 쓰게 된 것이다.

잠꼬대 같은 이 한 편의 글 값이 행여 두꺼비 값이 되는지 모르겠으나, 내 책상머리에 두꺼비 너를 두고 이 글을 쓸 때 네가 감정을 가진 물건이라면 필시 너도 슬퍼할 것이다.

너는 어째 그리도 못생겼느냐. 눈알은 왜 저렇게 튀어나오고 콧구멍은 왜 그리 넓으며, 입은 무얼 하자고 그리도 컸느냐. 웃을 듯 울 듯한 네 표정! 곧 무슨 말이나 할 것 같아서 기다리고 있는 나에게 왜 아무런 말이 없느냐. 가장 호사스럽게 치레를 한다고 네 몸은 얼쑹덜쑹하다마는 조금도 화려해 보이지는 않는다. 흡사히 시골 색시가 능라주속(綾羅綢屬)[1]을 멋없이 감은 것처럼 어색해만 보인다.

앞으로 앉히고 보아도 어리석고 못나고 바보 같고….

---

[1] 비단과 명주.

모로 앉히고 보아도 그대로 못나고 어리석고 멍텅하기만 하구나.

내 방에 전등이 휘황하면 할수록 너는 점점 더 못나게만 보이니 누가 너를 일부러 심사를 부려서까지 이렇게 만들었단 말이냐.

네 입에 문 것은 그게 또 무어냐.

필시 장난꾼 아이 녀석들이 던져준 것을 파리인 줄 속아서 받아 물었으리라.

그러나 뱉어버릴 줄도 모르고.

준 대로 물린 대로 엉거주춤 앉아서 울 것처럼 웃을 것처럼 도무지 네 심정을 알 길이 없구나.

너를 만들어서 무슨 인연으로 나에게 보내주었는지 너의 주인이 보고 싶다.

나는 너를 만든 너의 주인이 조선 사람이란 것을 잘 안다.

네 눈과, 네 입과, 네 코와, 네 발과, 네 몸과, 이러한 모든 것이 그것을 증명한다.

너를 만든 솜씨를 보아 너의 주인은 필시 너와 같이 어리석고 못나고 속기 잘하는 호인(好人)일 것이리라.

그리고 너의 주인도 너처럼 웃어야 할지 울어야 할지 모르는 성격을 가진 사람일 것이리라.

내가 너를 왜 사랑하는 줄 아느냐.

그 못생긴 눈, 그 못생긴 코, 그리고 그 못생긴 입이며 다리며 몸뚱어리들을 보고 무슨 이유로 너를 사랑하는지를 아느냐.

거기에는 오직 하나의 커다란 이유가 있다.

나는 고독한 사람이기 때문이다!

나의 고독함은 너 같은 성격이 아니고서는 위로해줄 수 없기 때문이다.

두꺼비는 밤마다 내 문갑 위에서 혼자서 잔다. 나는 가끔 자다 말고 버쩍 불을 켜고 나의 사랑하는 멍텅구리 같은 두꺼비가 그 큰 눈을 희멀건히 뜨고서 우두커니 앉아 있는가를 살핀 뒤에야 다시 눈을 붙이는 것이 일쑤다.

머리

 머리가 있어 여자를 아름답게 하는 것은 마치 공작새가 영롱한 꼬리를 가진 것과 같다 할까.

 여자의 아름다움이 몸에도 있고, 이(耳), 목(目), 구(口), 비(鼻), 혹은 말소리, 웃음 웃은 데까지 다 아름다움이 있는 것이지만, 그중에도 머리가 주는 아름다움이란 이루 측량할 수 없는 것이다.

 간혹 전차간 같은 데서 구식 부인네들의 고 깎아 세운 듯 단정한 체구에 가뜬하게 빗은 머리와 예쁘장하게 찐 낭자[1]를 보면 마치 연꽃 봉오리가 피어오르는 것 같아서 승객들의 눈이 없다면 한번 핥아 보고라도 싶은 일종의 변태심(變態心)을 경험할 때가 곧잘 있다.

---

1) 시집간 여자가 머리를 땋아서 뒷머리에 틀어 올려 비녀를 꽂은 머리.

요즈음 돌아다니는 편발(編髮) 중에는 낭자도 좋거니와 파마넨트라는 놈이 또한 꽤 마음에 드는데, 그놈은 머리를 구불구불 지진 재미보다는 나에게는 차라리 목덜미께에다 두리두리 감아 붙인 것이 제법 그럴듯하여서 한층 더 사랑스럽기도 하다.

그런데 늘 보아도 눈에 설고 얄미워 보이는 것은 고놈의 쥐똥머리이니, 이 쥐똥머리란 것은 한 이십오륙 년 전 처음에 서울 거리에 푸뜩푸뜩 보일 때는 정통 명사(名詞)가 '히사시가미(ひさしがみ)'[2]였고, 속칭으로는 소위 쇠똥머리라 했다. 그때도 쇠똥을 딱 붙인 것 같다 해서 그렇게 명명한 것인데, 요즈음 와서는 고놈이 점점 작아져서 쥐똥만큼 돼버리고 보니 이제는 쥐똥머리라고 하는 수밖에 없다.

편발의 변천이란 것도 실로 우스운 것이어서 혜원(蕙園)[3]의 풍속도를 보면 그때는 부인네들이 흔히 머리를 땋아서 틀어 얹은 모양인데, 그것도 자기의 본바탕의 머리만을 얹은 것이 아니요, 소위 가체(加髢)라 하여 다리(혹은 달비)라는 딴머리를 넣어서 엄청나게 머리를 크게 한 그

---

2) 일본 메이지 시대 말에 유행했던 여성의 머리 모양.
3) 조선 후기의 화가 신윤복(申潤福).

림을 종종 본다. 그림으로 보아서도 무섭게 큰 것을 보면, 실지에 그들이 얼마나 무거운 머리들을 얹고 있었던가 함을 추측하기에 어렵지 않다 하였더니, 아닌 게 아니라 어떤 서책을 뒤적거리다 보니 조선조 때 큰머리 때문에 야단법석이 난 일이 한두 번이 아닌 것 같다.

요새는 되도록 머리를 작게 해서 뒤통수에 딱 붙이는 것이 그들의 미감(美感)을 돋운다는 것처럼, 그때는 반대로 크면 클수록 더 호사스러워 보였던 모양이라, 영조(英祖) 35년에 부인네의 가체하는 풍습을 금한 일이 있었으나 잘 이행되지 않아서 그 후 미구(未久)[4]에 다시 해금을 하되 다만 너무 고대(高大)하여 사치스러운 가체만을 하지 말라 한 일이 있었고, 또 그 후 한 삼십 년을 격한 정조(正祖) 12년에는 각 신하들이 상소로써 가체의 폐풍을 말하고 사치의 지나침을 금하자 하여, 온통 금지문을 인쇄해서 경향(京鄕)에 반포하고 아무 때까지 고치지 않을 때는 엄벌에 처한다 한 일까지 있었다 한다.

그중에도 재미난 것은 그때 부인들이 큰머리를 하는 것을 얼마나 기막히게 좋아하였던지, 아무리 빈궁한 유

---

4) 그리 오래되지 않은 동안.

생(儒生)의 집일지라도 전지(田地)를 판다, 집간을 판다 하여 수백 냥의 돈을 마련하여 다리를 사기에 급급하였다 하는 것이며, 심한 것은 결혼 후 육칠 년이나 되어도 다리를 준비하지 못하여 시집을 가지 못하고, 그 때문에 폐륜(廢倫) 지경에까지 간 일도 종종 있었다는 것이며, 어떻든 머리가 크고 무겁고 하면 할수록 호사스러운 것이어서, 어떤 부잣집 며느님 한 분은 나이 겨우 열세 살인데 얹은 머리가 너무 크고 무거워서 방에 들어오시는 시어머님께 절을 하려고 일어서다가 머리에 눌려 경골(頸骨)이 부러져 죽은 일까지 있었다 한다.

나이 이십을 지난 방년의 여성으로서 잘라놓은 무 토막처럼 싹뚝 단발을 해버리는 요즈음의 '오갑바'[5]들이나, 또는 간지럽게 작은 머리 쪽을 멋을 부린다고 뒤통수에 딱 붙여버린 최신형 '히사시가미'도 보기에 괴로운 바 있지만, 어느 때는 머리를 한없이 크게만 얹은 것으로써 호사를 삼고, 말미암아 경산(傾産)[6]을 하고 폐륜에 이르고, 심지어는 생명을 잃어버리는 일까지 있은 것은, 시대가 격하고 사상이 다른 일면은 있다 치더라도 그때와 지금

---

5) 어린아이의 단발머리와 같은 머리 모양을 일컫는 일본어.
6) 경가탕산(傾家蕩産). 가산을 탕진함.

의, 사치만을 좋아하는 여성 심리의 너무나 현격한 거리에 놀라지 않을 수 없다.

답답할손 X선생

X선생은 철학을 공부하는 이면서도 매화를 끔찍이 사랑하는 것이 이상하다.

육칠 년 전이었던가, 강원도 어느 산골에 좋은 매화를 기르는 집이 있다는 소문을 듣고 초봄 감기로 나흘이나 앓던 사람이 한식(寒食)철을 놓치지 않고 매화 접을 붙이겠다고 부랴부랴 노비냥(路費兩)[1]이나 마련을 해가지고 우정 그 먼 곳을 찾아가서 매화 가지를 얻어다가 접을 붙이고, 또 그 이듬해 봄에는 몇 놈을 등분(登盆)을 해가지고 그중 한 분(盆)을 X선생께 보냈던 것이, 그 뒤로 내게 있던 매화는 게으른 주인을 만난 탓으로 고스란히 다 죽어버리고 말았는데, X선생만은 얼마나 정성을 들여 가꾸었

---

[1] 노잣돈.

는지 작금(昨今) 양년(兩年)에는 제법 탐스러운 꽃이 야단스럽게 핀다고 근간 꼭 한번 놀러 와서 상매(賞梅)[2]를 하라는 것이다.

그래서 어느 날은 일부러 좋은 막걸리 한 병을 구해서 둘러메고 X선생을 방문하였더니, 아니나 다를까 방문을 들어서자마자 은은한 매향이 비색증(鼻塞症) 있는 내 코에도 완연히 흘러온다.

X선생과 나는 이날 밤에 꽤 유쾌하게 매화를 중심으로 이야기를 나누다가 말(末)판에는 X선생 독특한, 내게는 그 골치 아픈 철학 이야기로 화제가 돌아가기로, 그만 밤도 이윽고 하였으니 또 만나자고 작별을 하고 돌아왔다.

그런데 예나 이제나 공부라고 한다는 사람들은 모조리 그렇게 빈복(貧福)을 타고났는지, X선생도 몇날 며칠이나 군불 맛을 못 봤는지 사뭇 냉돌에 이불 한 채 없이 병정녀석들이 쓰던 담요쪽 하나를 깔고 올올 떨고 앉았으면서 그래도 입만은 살아서 칸트가 어쩌니 헤겔이 어쩌니 하고 떠들고 있었다.

그 후 며칠이 안 되어 하루는 잡지사에 있는 장(張) 군이

---

[2] 매화를 감상함.

X선생께 긴탁(緊託)[3]이 있는데 꼭 날더러만 소개를 시켜 달라고 왔기에 그럼 어디 같이 가보자고 동숭동에 있는 X선생 댁을 찾아 나섰다.

이날도 X선생은 그 좋아하는 파이프를 비뚜름히 문 채 지저분하게 원고지 뭉텅이를 책상 옆에 흐트러놓고 저술하기에 여념이 없는지 우리가 들어선 줄도 모르고 혼자서 무어라 중얼거리기만 하고 있었다.

그래서 내가 먼저 "선생" 하고 소리를 치니까 그는 아무런 표정도 없이 한참 만에 고개를 든다.

"이 친구가 선생을 꼭 만나 뵈야겠다는군요" 하고 소개를 하는데 장 군도 곧 그의 명함을 X선생 책상 위에다 놓으면서, "저는 장지환(張之煥)이라 합니다" 하고 자기 소개를 하였다.

X선생은 아무런 대답이 없이 명함을 한식경이나 뚫어져라고 들여다보더니 별안간 무릎을 탁 치면서,

"원 요렇게도 꼭같은 이름이 있담" 하고서는 다시 무표정한 얼굴로 인사의 대꾸는 할 생각도 아니하고,

"금방 여기 둔 헤겔이 어디 갔느냐"고 책을 찾기에 분

---

[3] 매우 간절한 부탁.

주하다. 장 군은 나를 보고 웃고, 나는 장 군을 보고 웃는 수밖에 더 도리가 없었다. 장 군이 용건을 마치고 나서 X선생과 작별을 하고 일어서는데 선생의 테이블 밑에 그가 끔찍이 사랑하는 매화에다 두루뭉수리처럼 웬 이불 한 채를 둘둘 감아 붙인 것을 발견하고 나는 분반(噴飯)[4]할 지경으로 터져 나오는 웃음을 억지로 참으면서,

"도대체 매화에다 저게 웬일이요?" 하고 물었더니 X선생은 의연 무표정한 얼굴로,

"엊그제 어느 친구가 이불 한 채를 보냈습디다. 덕분에 어제 같은 추위에도 매화를 따뜻하게 해줄 수 있었소" 하면서 연신 추워서 삼십 초가 멀다 하고 두 손을 호호 불고 있는 것이다.

X선생과 이야기할 때마다 나는 흔히 선생의 태도를 아래위로 훑어보는 것이 버릇이 되다시피 했지만, 제일 보기에 딱한 것은 X선생은 곧잘 바지 단추를 끼울 것을 잊어버리는데, 또 그 사이로 여름 속옷이 앙상하게 내다보이는 것은 정말 민망해 견딜 수 없다.

---

4) 입 속에 있는 밥을 내뿜듯이 참을 수가 없어서 웃음이 터져 나오는 것을 비유하는 말.

팔 년 된 조끼

혼인 때 얻어 입은 조끼가 팔 년이란 긴 세월을 지나는 동안에 낡다 못해 해지고, 해지다 못해 생활에 쪼들린 사람의 상판처럼 여지없이 모지라지고 보니, 보다 보다 못해 아내가 바가지를 긁기 시작한다.

"여보시오, 원 입을 걸 입어야지 그게 뭐란 말이요?"

아내의 이러한 탄식에는 '아닌게 아니라' 수긍될 점이 없지 않다.

"돈이 들면 몇 푼이나 들우. 제발 이 겨울에는 하나 해 입읍시다" 하고 조르는 아내의 심정을 넉넉히 짐작할 수 있다. 나의 인색함을 질책하는— 아니— 구태여 새 옷을 입고 싶은 흥미를 잃어버린 요즈음의 내 마음을 알 길 없어 하는 아내의 탄식에 무엇이라 변명하였으면 좋을까!

"그저 그럴 수밖에 없지." 이렇게밖에는 다시 더 웅변

(雄辯)[1]인 대답을 찾을 길이 없는 이 말이 또한 아내의 탄식에 비기어 몇 배의 탄식임을 깨달을 때 진실로 마음속을 훌훌 털어 시원스럽게 보여주지 못하는 이 육체의 조직이 원망스럽기도 하다.

정열이 사라졌으매 탐구하는 힘을 잃었고, 한때 한담(閑談)을 일삼은 적이 있었으나 그 세계에서 살 만한 마음의 여유조차 잃어버린 지 오랜 나다.

몇 해 전만 해도 이발을 하러 갈 때면 이렇게 깎아주, 저렇게 깎아주 하여 이발사와 말다툼 아니한 적이 별로 없는 나였건만, 요새는 나만큼 이발사에게 충실한 사람도 없을 것이다.

"어떻게 깎으랍니까?"

"당신 마음대로 깎으우." 이 두 마디 외에 이발소에서 오고 가는 말은 한마디 없다.

구태여 머리에 기름을 발라 젖히고 싶은 마음도 없거니와, 그렇다고 봉두난발(蓬頭亂髮)로 지낼 수도 없다. 아침이면 눈을 떴나 보다, 배가 부르면 밥을 먹었나 보다, 그러다가 죽고 마나 보다.

---

[1] 의심할 나위 없이 명백함.

외국 사람 같으면 한창 일하려고 발버둥을 칠 시기인데 우리는 어째 요 모양으로 옥말려드는 한 덩어리 물질에 불과하단 말인가!

안경

 독서를 하려면 단 오 분이 못 되어 눈이 피로해진다. 이것은 반드시 무슨 고장이 있는 것이리라 하여 A병원에 검안을 갔더니 간호부가 무슨 약으론지 올빼미처럼 동공을 키워놔서 사오 일 동안이나 글 한 자 볼 수 없다.
 글을 안 보고 사는 것쯤은 누워 떡 먹기보다 더 쉬우리라 했더니 막상 딱 당해놓고 보니 그런 것도 아니었다. 전차를 타고 '노리카에(のりかえ)'[1]를 받아 들고 동소문(東小門)이 바로 찍혔나 하고 살피려면 글자는 몽롱한 꿈속과 같이 흐릿하다.
 의사의 말에 의하여 약 기운이 사라질 때까지 독서를 금할 것은 물론이겠지만, 자기 손을 보아도 흐릿하고 멀

---

1) 환승권.

찍이 서 있으면 보이는 식구들의 얼굴이 가까이 온즉 그만 흐리멍멍해지는 것이 아닌가.

세상에 앞 못 보는 장님은 어찌하여 사는가!

내 눈이 안 보일 때 비로소 앞 못 보는 불쌍한 사람들이 이 세상에는 얼마든지 있구나 하는 생각이 난다.

검안을 한 결과는 경도(輕度)의 난시였고 그 후 며칠을 지나 눈에 맞는다는 안경을 맞추어 썼다.

그러나 맞는다는 안경은 쓰는 그 순간부터 부자연하기 짝이 없다. 눈앞에 보이는 온갖 것이 바로 뵈기는커녕 어룽거리기만 한다.

의사에게 이 안경이 내 눈에는 맞지 않는 것이라 했더니 처음은 누구나 다 그러하니 한 십여 일 그대로 쓰고 견디어보라 한다.(아무리 안 맞는 안경이라도 오래 써서 맞아질 것은 정한 이치가 아닌가.)

그 후 십여 일도 훨씬 지난 오늘에 와서는 과연 의사의 말대로 어룽거려 보이는 증세는 없어졌다.

그러나 이제는 반대로 썼던 안경을 벗는 날이면 온갖 것이 어룽거려 견딜 수 없다.

자아, 이렇고 보면 나는 안경으로 하여 이(利)를 본 셈인가, 해(害)를 입은 셈인가? 생때같던 눈이 안경을 따라 나

빠진 것인지, 안경이 비뚤어진 내 눈알을 바로잡아놓은 것인지, 의사는 물론 안경의 정확성을 고집하겠지만 나는 확실히 안경이 내 눈을 잡아놓은 것이 아닌가 싶다.

그러나 어느 편이 나빠졌든 세상은 그저 속아서 사는 곳인가 보다. 길이 들면 그대로 살란 법인가 보다.

만첩청산(萬疊靑山)[2]을 울을 삼고 번개같이 뛰놀던 맹수라도 동물원 철책 속에 들어가는 날이면 그놈도 하릴없이 길이 든다.

뒤통수에 눈알이 하나만 더 있었다면 인생은 얼마나 더 행복되었으리요마는 마땅히 있어야 할 그곳에 눈이 없어도 사람이란 그대로 살아가는 법이요, 색맹이 붉고 푸른 빛을 구별할 줄 모르면서도 조그마한 부자유도 없이 살아가는 걸 보면 사람이란 결국 자기 안에 한 세계를 만들고 그것으로 자족하는 본성이 있는가 보다.

그러고 보면 장님이라고 구태여 못 살란 법도 없을 것이다. 눈이 안 보이는 가운데서 따로이 자기의 세상을 만들어놓고 거기에서 만족을 구할 수 있는 것이 아닌가.

나도 의사가 동공을 키워논 대로 그놈의 약 기운이 사

---

[2] 겹겹이 둘러싸인 푸른 산.

라지지 않는다고 가정한다면 처음은 갑갑할 것이나 하루 이틀 지나는 동안에 차츰 길이 들어서 나중에는 그 속에서 도리어 만족을 얻을 길이 열릴는지도 모른다.

동해로 가던 날

7월 24일, 동반한 김 군이 잡아준 자리에 마주앉으면서 차창을 여니 대롱같은 비가 보기 좋게 쏟아진다.

"그럼 안녕히 댕겨 오서요."

기적 소리와 아내의 전송을 들으면서 우리는 동해로 떠나가는 나그네가 되었다.

나의 동해행은 처음이 아니다. 작년에도 가고 그러께도 갔다.

가면 갈수록 잊히지 않는 동해 바다의 그 맑고 고운 물과 모래.

동해는 언제 보아도 싫지 않은 곳이다. 영동(嶺東)의 경개(景槪)[1]로 경포대니 낙산사니 총석정이니 하는 이름 높

---

[1] 산이나 들, 강, 바다 등이나 그 지역의 모습.

은 팔경(八景)은 누구나 다 아는 바이지만, 동해안 일대란 물과 돌 그것만으로도 다른 어느 곳과도 비길 수 없을 만큼 곱고 아름다운 곳이다.

안변(安邊)서 갈아탄 차는 미끄러지다시피 굴러간다.

어느 역 어느 촌을 지날 때나 동으로 저 멀리 새파란 수평선이 사라질 때가 없다.

그 감벽(紺碧)의 바다가 십리 길이나 멀찍이 떨어져 있는가 하면, 어느덧 바로 내 눈 아래 와서 흰 거품을 뻐걱뻐걱 뿜으면서 퍼덕이는 것이다. 이럴 때마다 '바다여 너는 나에게 무엇을 하소연하려느뇨' 하는 탄식이 저절로 쏟아진다. 바다는 오계(梧溪)에서도 보인다. 상음(桑陰)에서도 보인다. 내 주위에는 온통 바다뿐인 듯싶다.

그렇게 한적한 정거장에는 플랫폼마다 피어 늘어진 달리아들. 빨갛다 못해 까맣게 반사된다.

아아, 이렇게 화창한 여행이 있을까! 비는 그쳤고 석양이 어스레하게 물밀려 오듯 한다. 나의 눈앞에 어느덧 송전(松田)이 나타난다. 노련한 솜씨를 가진 원정(園丁)[2]의 손으로 수십 년씩 정성스레 길러낸 듯 아담스런 소나무들

---

2) 정원이나 과수원 등을 관리하는 사람.

이 편안히 자리잡고 있는 이 해변.

에메랄드의 소나무들 사이로 붉은 지붕이 보인다.

A씨의 별장, B씨의 별장, C씨의 별장, 피서지의 별장들은 똥뒷간만큼만 지어놓아도 화려하게 보이나 보다.

"E군이 나왔을까?"

기차가 총석(叢石)을 바라보고 커브를 돌릴 때 등불 하나 없는 플랫폼에서 우리는 오 분이나 머뭇거렸다.

E는 여관에도 없다. 온 마을 다 찾아보아도 없다.

E는 아마 바다로 갔나 보다.

우리는 바다로 경쾌한 스텝을 옮겼다.

바다에서는 느끼한 물 비릿내가 흘러온다.

바다에는 달이 떠 있다. 하늘에 뜬 달은 멍석만 하고 바닷속에 뜬 달은 함지박만 하다.

파도가 몰려온다.

격검(擊劍)[3]하는 장면처럼 번쩍번쩍 달빛과 파도가 싸우면서 흰 거품을 해변가로 몰아다 붙인다. 그리고 검은 물결은 후회하는 사람처럼 물러앉는 양이 더 한층 슬프다.

해변은 마라톤 선수들이 떠난 뒤처럼 희멀끔하다.

---

3) 긴 칼을 법도 있게 씀.

문득 나의 환상은 학생 적에 본 프랑스 영화의 한 장면으로 옮아간다.

―항구. 동양으로 떠나는 배는 오늘도 정박해 있다. 눈알 새파란 계집애는 끝없는 인생의 권태를 느끼고 있다. 이방(異邦)으로 떠나는 배를 몰래 잡아탈까 보다.

백치(白痴). 이 항구에 백치가 있다. 백치는 그 높다란 층층대를 줄달음쳐 온다. 백치는 그 아득한 사막을 달리고 있다.

이 항구에도 검은 고양이가 있구나― 처창(悽愴)[4]한 밤 바닷가에 이름 모를 조개껍질들이 운명의 씨처럼 여기저기 놓여 있다.

별같이 생긴 해저(海底)의 괴물, 동글납작하게 된 이름 모를 물건들.

정다각형으로 된 가지가지 바다의 산물들은 결코 우연히 생긴 것은 아니리라. 조물주의 전능한 힘은 이곳에도 보이는구나.

저편 물 속 불과해야 이백 미터밖에 안 되는 곳에 대여섯 명 수영 선수가 헤엄을 치고 있다.

---

4) 몹시 구슬프고 애달픔.

"이 밤에 누가 저렇게 헤엄을 치나" 하였더니,

"사람이 아니라 물개라네, 해구(海狗)" 하는 소리가 뒤에서 들린다.

돌아다보니 그것은 E였다.

우리들은 한동안이나 별과 달과 물을 즐기다가 여사(旅舍)⁵⁾로 돌아왔다.

"바다에서 나서 바다에서 살다가 바다에서 죽어버렸으면…."

이런 독백이 누구의 입에선지 흘러나왔다.

---

5) 손님이 묵는 숙소.

추사(秋史) 글씨

어느 날 밤에 대산(袋山)[1]이 "깨끗한 그림이나 한 폭 걸었으면" 하기에 내 말이 "여보게, 그림보다 좋은 추사 글씨를 한 폭 구해 걸게" 했더니 대산은 눈에 불을 버쩍 켜더니 "추사 글씨는 싫여. 어느 사랑에 안 걸린 데 있나" 한다.

과연 위대한 건 추사의 글씨다. 쌀이며 나무, 옷감 같은 생활필수품 값이 올라가면 소위 서화니 골동이니 하는 사치품 값은 여지없이 떨어지는 법인데, 요새같이 책사(冊肆)[2]에까지 고객이 딱 끊어졌다는 세월에도 추사 글씨의 값만은 한없이 올라간다.

---

1) 소설가 홍명희의 아들 홍기문.
2) 책을 팔고 사는 가게.

추사 글씨는 확실히 그만한 가치를 가지고 있다. 하필 추사의 글씨가 제가(諸家)의 법을 모아 따로이 한 경지를 갖추어서, 우는 듯 웃는 듯, 춤추는 듯 성낸 듯, 세찬 듯 부드러운 듯, 천변만화(千變萬化)의 조화가 숨어 있다는 걸 알아서 맛이 아니라, 시인의 방에 걸면 그의 시경(詩境)이 높아 보이고, 화가의 방에 걸면 그가 고고한 화가 같고, 문학자, 철학가, 과학자 누구누구 할 것 없이 갖다 거는 대로 제법 그 방 주인이 그럴듯해 보인다. 그래서 그런지 상점에 걸면 그 상인이 청고한 선비 같을 뿐 아니라 그 안에 있는 상품들까지도 돈 안 받고 그저 줄 것들만 같아 보인다. 근년래에 일약 벼락부자가 된 사람들과 높은 자리를 차지한 분들 중에도 얼굴이 탁 틔고 점잖은 것을 보면 필시 그들의 사랑에는 추사의 진적(眞跡)[3]이 구석구석에 호화로운 장배(裝背)로 붙어 있을 것이리라.

추사 글씨 이야기를 하다 보니 재미난 사건 하나가 생각난다.

진(陳) 군은 추사 글씨에 대한 감식안이 높을 뿐 아니라

---

[3] 진짜 작품. 진필(眞筆).

일반 서화(書畵), 고동(古董)[4]에는 대가로 자처하는 친구다.

그의 사랑에는 갖은 서화를 수없이 진열하고 "차라리 밥을 한끼 굶었지 명서화를 안 보고 어찌 사느냐" 하는 친구다.

양(梁) 군도 진 군에 못지않게 서화 애호의 벽(癖)이 대단한데다가 금상첨화로 손수 그림까지 그리는 화가인지라 내심으로는 항상 진 군의 감식안을 은근히 비웃고 있는 터이었다.

벌써 오륙 년 전엔가 진 군이 거금을 던져 추사의 대련(對聯)을 한 벌 구해놓고 장안 안에는 나만한 완당서(阮堂書)를 가진 사람이 없다고 늘 뽐내고 있었다.

그런데 양 군 말에 의하면 진 군이 가진 완서(阮書)는 위조라는 것이다. 이 위조란 말도 진 군을 면대할 때는 결코 하는 것이 아니니,

"진 형의 완서는 일품이지" 하고 격찬을 할지언정 위조란 말은 입 밖에도 꺼내지 않았다.

그러나 진(陳)이 그 소식을 못 들을 리 없다. 기실 진은 속으로는 무척 걱정을 했다. 자기가 가진 것이 위조라구?

---

4) 오래된 골동품.

하긴 그럴지도 몰라. 어쩐지 먹빛이 좋지 않고 옳을 가(可)자의 건너 그은 획이 이상하더라니….

감식안이 높은 진 군은 의심이 짙어지기 시작했다.

나는 그 후 이 글씨가 누구의 사랑에서 호사를 하고 있는지 몰랐는데, 최근에 들으니까 어떤 경로를 밟아 어떻게 간 것인지 모르나 진 군이 가졌던 추사 글씨는 위조라고 비웃던 양 군의 사랑에 버젓하게 걸려 있고, 진 군은 그 글씨를 도로 팔라고 매일같이 조르고 있다는 소문을 들었다.

추사 글씨란 아무튼 대단한 것인가 보다.

김 니콜라이

　사십 남짓한 나이에 수세기 이상의 세월을 겪었다면 듣는 사람은 그놈 미친놈이라 할 것이다.

　그러나 오늘날 우리 조선 사람, 적어도 내 나이 이상의 사람이면 누구나같이 경험한, 그야말로 엄연한 역사적 사실인데야 어찌하랴.

　변발(編髮)을 하고 '여명(黎明)에 즉기(卽起)하여 쇄소정제(灑掃庭除)[1]' 하다가, 어느덧 상투가 달아나고 신기스런 자전차가 나타났다가, 다시 국파군망(國破君亡)하여 외적(外敵)의 종놈 노릇을 하게 되고, 신풍조란 과도기를 만나 규중 처녀들이 신여성이란 간판을 달고 마구 연애를 할 수 있는 시기가 있더니, 폭풍우 같은 전쟁이 지나가고 이제

---

1) 마당에 물을 뿌리고 비로 쓸다.

는 국제 노선이 휘날리고 세계사의 발전이란 새 간판이 눈을 부시게 한다.

아무리 초인의 속보(速步)로 따르려야 이제는 숨이 헐떡거려 진정 따라갈 수 없다. 기구한 운명을 타고 난 민족에게는 기구한 운명이 낳는 비극이 따르는 법이지만, 신기스럽기도 하고 비통스럽기도 한 이 기구한 운명의 와중에 휩쓸려 다니면서 그래도 일루(一縷)의 희망을 붙이고 이제껏 살아오게 되는 것은, 안타까운 이 고민의 세대가 지나가는 날 우리의 후손에게는 설마 고민의 대가가 받아지려니 하는 것이 오직 하나의 염원이었다.

이하(以下)— 내가 끄집어내려는 김 니콜라이의 이야기는 진실로 기구한 운명을 타고난 이 애달픈 민족이 역사의 수레바퀴를 타고 오는 동안에 빚어진 한 개의 에피소드인 것이다.

기미운동(己未運動) 직후였다.

우리들 젊은 학도에게는 자국어보다는 외국어 공부가 무조건으로 재미났다. 고리타분한 조선 소리보다는 양곡(洋曲)이 물론 듣기 좋았다. 떨며 넘어가는 바이올린의 멜로디가 하필 알아서 맛이 아니라 덮어놓고 신이 나고 그것을 듣는 것만 하여도 한 행세거리인 것만 같았다.

어느 달 밝은 여름밤, 종로 청년회관 스테이지 위에는 김 니콜라이가 나타났다.

노령(露領) 해삼위(海蔘威)[2] 산(産)이요, '바이올린'의 명수였다.

김 니콜라이는 등단하기도 미처 전에 콩나물같이 박힌 관객석에서 쏟아지는 우레 같은 박수 소리에 목욕을 했다.

"김 니콜라이!"

얼마나 아름다운 호화판으로 된 이름인가. 우리는 그 이름부터가 호화판으로 신식인 데 홀렸다.

'김 니콜라이'는 단상에 척 오르자 다짜고짜로 '바이올린'의 줄을 부드득 끊어버리더니 한 줄만 남겨둔 G선만으로 귀신 곡하게 청승맞은 곡조를 구슬프게 내리훑는 것이었다. (그 후에 알고 보니 그것은 〈G선상의 아리아〉였다.) 곡이 끝나자 청중은 발을 구르고 우레 같은 박수를 또 보냈다.

나는 감격이 극(極)하여 눈물이 날 뻔하였다.

무엇인진 모르지만 기막히게 좋고, 무슨 재조(才操)인진 모르지만 신기스럽기만 하고, 과연 신식이란 좋은 것이

---

[2] 러시아 시베리아 동남부 연안에 있는 항구 도시 블라디보스토크.

로구나 싶었다. 그 이튿날 김 니콜라이는 알지 못할 신여성에게 수많은 연애편지를 받았다.

나의 슬픈 이야기는 이것으로써 끝막는다.

그러나 그로부터 우리는 이제껏 꿈속에서 살았다는 것, 신식이란 무조건하고 좋다는 것, 조상이니 예의니 윤리니 하는 따위는 헌신짝같이 내던져야 한다는 것, 이러한 새 세대의 진리를 확실히 파악하게 되었다.

그 뒤로 신사조(新思潮)에 대한 갈망은 날이 갈수록 높아져서 안창남(安昌男)[3]이가 고국 상공에 은익(銀翼)[4]을 나타냈을 때는 신여성으로부터 수십 장의 연애편지를 받았고, 가가호호(家家戶戶)이 조선(祖先) 전래의 진서(珍書)·기보(奇寶)는 휴지 값, 개 값으로 팔아 치우고 하는가 하면, 이러한 신사조의 동경은 한번 발을 헛디디매 말(末)판에는 일어상용(日語常用)의 가정이 나타나고 소위 '일선동조론(日鮮同祖論)'[5]까지 제창하는 패가 나기에 이르렀다.

희(噫)라. 한때는 우물 속에서만 살고 있던 대원군의 양

---

3) 우리나라 최초의 비행사.
4) 비행기.
5) 일본인과 조선인의 조상이 같다는 일제 식민사관.

이척화(攘夷斥和)⁶⁾로 하여 국운(國運)이 기울고, 다른 한때는 신사조에 대한 비판 없는 정열로 조상의 피를 더럽히었도다.

그러나 어이하랴.

기구한 운명을 타고난 이 민족의 앞길에는 새로이 등장하고 있는 신판(新版) 김 니콜라이와 박 에리시가 또다시 길을 막고 우리를 조롱하고 있는 것을!

---

6) 양이(서양)를 배척하자는 흥선대원군의 정책.

은행이라는 곳

　은행 출입을 뻔질나게 하는 사람들이면서도 예술가인 방(方) 군은 은행에 들어가기란 소가 도수장(屠獸場) 가기 싫어하듯 죽기보다 더 싫다는데, 이와 반대로 장사하는 오(吳) 군은 세상에 은행 출입보다 더 유쾌한 곳이 어디 있느냐는 것이다. 우선 안이 깨끗하고, 겨울이면 다른 데와 달라 스팀이 따뜻하고, 또 공짜로 전화도 맘대로 쓸 수 있고 하니까 누구와 만나기로 약속을 하는데도 흔히들 가는 찻집을 피하고 조용하고 따뜻한 은행을 이용하는 것이 얼마나 유리하냐는 것이다.

　한데 나로 말하면 실인즉 은행 출입의 인연이 별로 없는 사람이라 그런지, 방 군처럼 그다지 싫을 것도 없고, 그렇다고 오 군처럼 그다지 유쾌할 것도 없다. 요새 같은 석탄 귀한 세상에는 들어서면 우선 따뜻하고 하니까 추운 책사에 들르기보다 잠깐 쉴 수 있는 점은 오 군 말대로 좋다. 그러나 친구를 만나자는 약속까지 은행을 이용한다는 건 좀 이해하기 곤란하다.

한번은 방 군의 소관으로 그가 죽기보다 더 싫어하는 은행에를 같이 들어가서 스팀 앞에 앉아 있노라니까 십수 년이나 못 만나던 피(皮) 군이 나를 힐끗 쳐다보고서는 못 본 체하고 휙 지나간다.

이 피 군이란 사람을 잠깐 소개하자면, 수십 년 전에는 나와도 꽤 친한 사이였다.

학비가 넉넉하지 못하여서 굶으며 먹으며 하던 학창시대에 그는 도스토예프스키의 명작 『학대받은 사람들』을 탐독하고, 나더러도 그 책을 꼭 한번 읽어보라고 권하면서 "여보게 김 군, 내 꼭 돈을 벌어서 그놈의 돈 원수를 좀 갚아봐야지. 자네도 내가 성공하기만 기다리게. 우리 불쌍한 친구들끼리 한데 모여서 어디 이상촌(理想村)을 건설해보세나그려."

지방 사투리가 약간 섞인 어조로 그가 흥분되어 말하던 것을 지금도 역력히 기억한다.

이런 기억이 왜 내 머리에서 사라지지 않는가 하는 이유는— 하필 돈과는 불구대천(不俱戴天)의 원수가 되어서

평생을 돈! 돈! 하고 지냈다는 도스토예프스키의 소설을 읽고 돈! 돈! 하며 흥분되어 외치던 피 군의 그때 얼굴이 나 보기에는 꼭 피 군이 도스토예프스키인 것만 같아서 나도 돌아앉으면서 눈시울이 젖어드는 것을 억지로 참으려고 애를 쓰던 생각이 잊히지 않기 때문이다.

학창생활을 떠나서 십수 년 지남(之南) 지북(之北)에 서로 헤어진 동안에 그와 나와는 별다른 운명의 물결 속에서 살았다.

피 군은 서울 모 여중학에서 교편을 잡다가 우연한 기회에 일약 천만장자가 되어 한때 금광왕(金鑛王) 피(皮)라면 모르는 사람이 없었다.

남은 그 숙원이던 돈벼락을 이렇게 맞는데 운명의 신이 내게는 그 오죽잖은 소망인 작가생활의 길도 열어주기는커녕 긴 세월을 두고 병마가 신변에서 떠날 날이 없었다.

어느 해 여름이었던지 요양을 한다고 석왕사(釋王寺)를 갔던 길에 바로 그 등 너머 살고 있다는 피 군을 찾지 않을 수 없었다. 하도 오래간만에 그의 부자가 된 내력이나 듣고 서회(敍懷)[1]나 하려 함이었다. 그랬더니 내가 유(留)

---

1) 회포를 풀어 말하다.

하고 있던 집의 유(劉) 군이(유 군도 학창시대의 동무였다) 한사코 말리는 것이다.

"전날 피 군은 아닐세. 가보았자 문전축객(門前逐客)[2]일세."

허허, 유 군의 말을 믿는다면 돈이란 것은 경이원지(敬而遠之)[3]할 물건임이 분명하였다.

그 후 몇 핸가 지나서 동숭동 버스 안에서 피 군과 해후하였다. 그런데 과연 피 군은 그다지 반가운 기색이 없을 뿐 아니라, 십여 년 만에 만난 옛날 친구인데도 슬슬 눈치를 보아가면서 피해버리는 것이다.

나는 속으로 괘씸한 사람이라고 생각했지만 한편 섭섭한 정을 금할 길이 없어서 그를 붙들고 울고 싶었으나 억지로 꾹 참았다.

은행에서 만난 것은 그 뒤로 또 십수 년 만에 처음이었다.

그의 행색은 전과는 달라 퍽 초라해 보였다.

내가 꽉 붙잡으면서 "이 사람 왜 이리 못 본 체하나?" 하고 껄껄 웃어버리는 것으로 나는 나대로 수십 년 구우(舊友)와의 서회를 대신하고 말았지만,

---

2) 문앞에서 손님을 쫓다.
3) 공경하되 가까이하지는 않음.

그가 처음부터 돈에 찌들린 사람이라는 것,

그가 하필 도스토예프스키를 애독하였다는 것,

그가 의외에 졸부(猝富)가 되었다는 것,

그러나 해방 후에 그의 부(富)는 실패하였으나 지금도 그가 은행과의 인연은 여전한 모양이라는 것,

이러저러한 생각을 하다가 보면 은행을 싫어하는 성격에도 일리가 있고 좋게 생각하는 성격에도 일리가 확실히 있는 것이다.

답답한 이야기

 오죽잖은 일에 서로 핏대를 세우고 싸우는 사람들을 보면 답답한 때가 많다. 속 시원하게 탁 풀어버리고 한번 껄껄 웃으면 그만일 텐데 왜들 저러나 싶어진다. 그러나 막상 내가 그런 경우를 당해놓고 보면 그리 쉽사리 해결이 될지 의문은 의문이야….

 늙은이들이 흔히 길을 가다가도 괜히 혼자 무어라고 중얼중얼하는 꼴을 본다.

 '저 늙은이가 미쳤나 혼자 왜 저럴까?'

 따라가면서 보노라면 웃음이 나와 견딜 수 없다. 나도 늙으면 저렇게 되지 않을까 싶어서 시험삼아 혼자 중얼거려본다. 그러나 소리가 입 속에서만 뱅뱅 돌고 종시 나오지는 않는다.

 역시 천착(舛錯)스런 늙은이고서야 중얼거리게 되는 게로

군 하고 나만은 늙어도 안 그럴 것을 자신했다. 한데 현대 사람으로서는 내 나이 아직 늙은이 축에는 채 끼지도 못할 처지인데 어느 날 길을 걷다 말고 불의(不意)에 군성거리는 소리가 바로 내 입에서 흘러나오는 것을 발견했다.

역시 내가 그 경우에 처해보지 못하고서는 세상일이란 장담할 건 못 되는 것이다.

집에 환갑 진갑을 지낸 노인 한 분이 계시는데 어떤 때 방에 앉아 있노라니 밖에서 "허허, 글쎄 왜 이러니?" 하고 후다닥거리는 노인의 소리가 난다.

'누구하고 저러실까' 하고 내다보니 닭의 새끼가 말을 안 듣고 마루에 올라온다고 야단이다. "원 답답도 하시유. 닭이 사람의 말을 알아듣습니까. 두들겨 내쫓아야지요" 하나 그 다음에도 이 노인은 의연 짐승들에게 갖은 이야기를 다 건네시는 걸 본다.

지금 보기에 답답해하는 마음이언만 나도 나이 환갑 진갑을 지나면 또 혹시 저렇게 될지 누가 아나 싶어 장담을 할 수 없다.

남의 심중을 모르고 답답해지는 일은 이런 것뿐만은 아니다.

벌써 지난 일이지만 쌀이 없어 굶네 죽네 하는 판에 모

외빈(外賓) 한 분의 말씀이 "조선 사람은 이해할 길이 없다"고, "맛 좋고 영양 좋은 사과나 고기가 가게마다 그득한데 하필 그 비싼 쌀만 먹자고 야단들이냐"고.

세상에 이보다 더 답답한 말은 들어본 적이 없다. 그야말로 내 창자를 그와 바꾸어본다면 혹시나 알는지.

그분네들이 우리를 볼 때 사사건건 이러할 테니 이 일을 장차 어이하면 좋단 말이냐. 지지 않으려고 바득바득 싸우는 심정도 내가 싸워보면 알 일이요, 혼자 중얼거리는 습관을 비웃는 것이나 닭과 주고받고 이야기하는 것쯤은 나이를 먹으면 알 수도 있고 그렇게 될 수도 있을 것이다. 그러나 맛 좋은 사과와 고기를 보고도 못 먹는 심정은 무슨 수로 알게 할 도리가 있을 거냐!

내 소갈머리가 좁고 답답한 탓인지, 공교롭게 타고난다고 난 것이 요런 시기에 걸려든 것인지, 싸움질도 많고 답답한 꼴도 많이 볼 바에는 신경이나 든든하여 남이야 어쨌든 내 할 일이나 꾸준히 할 수 있는 사람이라면 또 모르겠는데, 진정 이따위 환경에선 살기가 어려워 어느 깊숙한 산촌에 소학교 교장이나 한 자리 얻어서 죽은 듯 몇 해만 지내다 왔으면 싶다가도, 들어보면 산촌은 산촌대로 서울 뺨치게 더 야단들이란다.

그래 그도 저도 단념하고 요즈음은 멍청이처럼 멍하고 그날그날을 지내는 판인데 어느 날은 친구가 야국(野菊) 한 포기를 심으라고 갖다주기로, 하도 오래간만에 화분을 찾고 뿌리를 담을 비료 섞인 흙을 구하러 마당 이 구석 저 구석을 뒤치기 시작했다.

평일에 보면 헤어진 게 흙이고 보이는 이 비료뿐이러니, 막상 꽃을 위한 흙을 구하려니 그도 그리 쉬운 노릇은 아니었다. 대체 흙조차 이렇게 귀한 건가.

한 송이 꽃이 피는 데는 좋은 비료는 물론 매일같이 신선한 물을 얻어먹어야 하고, 햇볕을 보아야 하고, 주인이 잡초를 뽑아주어서 그러고도 오랜 시일을 경과하고서야 비로소 아름답고 탐스런 꽃을 볼 수 있는 것이다.

분에 흙을 담다 말고 나는 문득 비감(悲感)한 생각이 솟아오름을 금할 길이 없다. 이 꽃뿐 아니라 내가 하는 일도 어느 때나 꽃을 보려나. 꽃은커녕 물은커녕 하다못해 거름 노릇이라도 했으면 다행이겠는데, 거름 축에도 못 드는, 아무런 쓸 곳 없이 뭇 사람의 발에 짓밟히기만 하는 노상(路上)의 흙이나 되지 않을까.

인력으로 막아낼 수 없는 나이는 또 하나 더 먹는다. 이러다가 어느 겨를에 죽고 말는지 누가 아느냐.

세상에 무엇이 답답하니 무엇이 답답하니 하여도, 제 자신이 하는 일에 자신을 못 갖고 허덕이는 것보다 더 답답한 노릇은 없는가 보다.

移動飲食店
이동음식점

서울은 재미난 도시다.

골동품 같은 집이 있다.

남의 담장에 기댔을망정 쓰레기통 옆에 놓였을망정 아담한 차림새로 구중궁궐(九重宮闕) 부럽잖게 꾸밀 대로 꾸미기도 했다.

추녀 끝에는 방울 같은 새를 앉히고 납작한 완자창도 달았다.

쌍희자(雙喜字)를 아로새긴 세렴(細簾)[1]도 늘였다.

이 집에는 떡국도 팔고 진짜 냉면도 있다. 맛 좋은 개장국도 한다.

노동자 빈민은 물론 한다하는 신사도 출입을 한다.

---

1) 가느다란 대로 촘촘하게 엮은 발.

이 집에는 계급의 구별도 없다.

땅바닥에는 검둥이란 놈이 행여 동족의 뼈다귀나 한 개 던져줄까 하고 침을 꿀꺽꿀꺽 삼키며 기다리고 있다.

이래 봬도 하루의 수입이 물경(勿驚) 만 원을 넘기는 것은 누워 떡 먹기다.

더구나 이 집의 재미난 것은 주추[2] 대신에 도롱태[3]를 네 귀에 단 것이다. 아무 때나 이동할 수 있다.

순경 나으리가 야단을 치는 날이면 지금 당장에라도 훨훨 몰아갈 수 있다.

주인 부처(夫妻)는 진종일 영감 그린 종이를 모으기에 눈코 뜰 새 없다가, 도시의 소음이 황혼과 함께 스러진 뒤 참새 보금자리 같은 이 집 속에서 신화 같은 이야기를 도란거리다가 고요히 꿈나라로 들어가고 만다.

재민(災民)[4]들은 이렇게 가지각색으로 살고 있다.

세상을 살아가는 법이란 별의별 재주가 다 있어….

---

2) 기둥 밑에 괴는 돌 등의 물건.
3) 사람이 밀거나 끌 수 있도록 만든 수레바퀴.
4) 이재민(罹災民)의 준말.

신형 주택

 요즈음 거리에 나서면 재미난 풍경이 한두 가지가 아닙니다.

 장안 안답지 않게 공지(空地)마다 배추 포기가 싱싱하고, 소개(疏開)[1]로 수난을 당한 터전에 회오리바람처럼 날아간 지붕이 보인다.

 벽돌집이란 이유로 가까스로 소개는 면했으나 병정화년(丙丁火年)[2] 덕분으로 불이 났다. 벽은 으스러지고 창문은 깨어지고 전날 화단인 듯싶은 자리에는 쓰레기의 산이 솟고 하여, 가며 오며 그다지 유쾌한 기분은 아니러니 근자(近者)에는 이런 건축들을 의지삼아 신형 주택이 나타

---

1) 전쟁, 화재 등에 대비하여 도시 주민이나 시설 등을 외곽으로 분산시킴.
2) 천간(天干)의 세 번째와 네 번째에 해당하는 병(丙)과 정(丁)은 불을 포함하고 있어 병정에 해당하는 해는 화년(火年)으로 친다.

난다.

 발코니에 널빤지 쪽으로 제법 그럴듯하게 고층 건축이 예쁘장하게 만들어지고 그 옆에 장독대가 놓이고 빨랫줄이 건너간다. 퇴옥파창(退屋破窓)일망정 재민(災民)들은 이런 데서 알토란같이 산다.

 화가란 세상 사람이 볼 때에는 일종 미치광이라 가장 흥미를 느끼고 사생을 하고 섰노라니 이 집에 거하는 주인공인 듯싶은 친구가 일을 하다 말고,

 "여보 당신은 할 짓이 없어 이따위 집이나 그리고 다니우?" 하며 핀잔을 준다. 불난 집 불 구경을 하다가도 여러 번 욕을 먹었다. 재민의 속상하는 심사를 모르고 흥미 있게 보는 마음을 이해할 리 만무하다.

 "네, 잘못했습니다."

老柿山房記
노시산방기

　지금 내가 거하는 집을 노시산방(老柿山房)이라 한 것은 삼사 년 전에 이(李) 군[1]이 지어준 이름이다.

　마당 앞에 한 칠팔십 년은 묵은 성싶은 늙은 감나무 이삼 주(株)가 서 있는데, 늦은 봄이 되면 뾰족뾰족 잎이 돋고, 여름이면 퍼렇다 못해 거의 시꺼멓게 온 집안에 그늘을 지워주고 하는 것이, 이 집에 사는 주인, 나로 하여금 얼마나 마음을 위로하여 주는지, 지금에 와서는 마치 감나무가 주인을 위해 사는 것이 아니요 주인이 감나무를 위해 사는 것쯤 된지라, 이 군이 일러 노시사(老柿舍)라 명명해준 것을 별로 삭여볼 여지도 없이 그대로 행세를 하고 만 것이다.

---

[1] 소설가 이태준(李泰俊).

하기는 그 후 시관(時觀)²⁾과 같이 주안(酒案)을 마주하고 이야기하던 끝에 시관의 말이, 노시산방이라기보다는 고시산방(古柹山房)이라 함이 어떠하겠느냐 하여 잠깐 내 집 이름을 다시 한번 찝어본 일도 있기는 하다. 푸른 이끼가 낀 늙은 감나무를 노시(老柹)라 하기보다는 고시(古柹)라 함이, 창(唱)³⁾으로 보든지 글자가 주는 애착성으로 보든지 더 낫지 않겠느냐는 것이요, 노시라 하면 어딘지 모르게 좀 속되어 보일 뿐 아니라, 젊은 사람이 어쩐지 늙은 체하는 인상을 주는 것 같아서 재미가 적다는 것이다. 그러나 그때의 나는 역시 고(古) 자를 붙이는 골동 취미보다는 노(老) 자의 순수한 맛이 한결 내 호기심을 이끌었던 것이다.

원래 나는 노경(老境)이란 경지를 퍽 좋아한다. 기법상 술어로 쓰는 노련(老鍊)이란 말도 내가 항상 사랑해온 말이거니와, 철학자로 치면 누구보다도 노자(老子)를 좋아했고, 아호(雅號)로서도 나이 많아지고 수법이 원숙해진 분들이 흔히 노(老) 자를 붙여서, 가령 노석도인(老石道人)이라 한다든지, 자하노인(紫霞老人)이라 하는 것을 볼 때는, 진실로 무엇으로써도 비유하기 어려운 유장하고 함축 있는

---

2) 김용준과 도쿄미술학교 동문인 화가 장석표(張錫豹).
3) 부를 창(唱).

맛을 느끼게 된다. 노인이 자칭 왈 노(老)라 하는 데는 조금도 어색해 보이거나 과장해 보이는 법이 없고, 오히려 겸양하고 넉넉한 맛을 느끼게 하는 것 같다.

그러나 그렇다고 나는 노시산방을 무슨 노경을 사랑한다 하여 바로 나 자신이 노경에 든 행세를 하려 함이 아니요, 그저 턱없이 노(老) 자가 좋고 또 노시(老柿)가 있고 하므로 그렇게 이름을 붙인 데 불과함이요, 또 가다가는 호(號)까지도 노시산인(老柿山人)이라 해본 적도 있었다.

한번은 초대면하게 된 어느 친구가 인사를 건넨 뒤 놀라면서 하는 말이, 자기는 나를 적어도 한 사오십은 넘은 사람으로 상상해왔다는 것이다. 그는 내가 노시산인이란 호를 쓴 것을 본 때문은 아니요, 집 이름을 노시산방이라 한 것을 간혹 들은 것만으로 그 집 주인은 으레 늙수그레한 사람이려니 하였다는 것이다. 그 말을 들을 때 처음에는 아연하지 않을 수 없었다. 그러나 다시 생각해보니 그렇게 생각됨직도 한 일이라 싶었다.

아무튼 나는 내 변변치 않은 이 모옥(茅屋)[4]을 노시산방이라 불러오는 만큼 뜰 앞에 선 몇 그루의 감나무는 내

---

4) 띠풀로 엮은 초가집. 자신의 집을 낮추어 부름.

어느 친구보다도 더 사랑하는 나무들이다.

나는 지금으로부터 오 년 전에 이 집으로 이사를 왔다. 그때는 교통이 불편하여 문전에 구루마 한 채도 들어오지 못했을 뿐 아니라, 집 뒤에는 꿩이랑 늑대랑 가끔 내려오곤 하는 것이어서 아내는 그런 무주 구천동 같은 데를 무얼 하자고 가느냐고 맹렬히 반대하는 것이었으나, 그럴 때마다 암말 말구 따라만 와보우 하고 끌다시피 데리고 온 것인데, 기실은 진실로 진실로 내가 이 늙은 감나무 몇 그루를 사랑한 때문이었다.

무슨 화초 무슨 수목이 좋지 않은 것이 있으리요마는 유독 내가 감나무를 사랑하게 되는 것은 그놈의 모습이 아무런 조화가 없는데도 불구하고 고풍스러워 보이는 때문이다. 나무껍질이 부드럽고 원초적인 것도 한 특징이요, 잎이 원활하고 점잖은 것도 한 특징이며, 꽃이 초롱같이 예쁜 것이며, 가지마다 좋은 열매가 맺는 것과, 단풍이 구수하게 드는 것과, 낙엽이 애상적으로 지는 것과, 여름에는 그늘이 그에 덮을 나위 없고, 겨울에는 까막까치로 하여금 시흥(詩興)을 돋우게 하는 것이며, 그야말로 화조(花朝)와 월석(月夕)에 감나무가 끼어서 풍류를 돋우지 않는 곳이 없으니, 어느 편으로 보아도 고풍스러워 운치 있는 나무는 아마도 감나무가 제일일까 한다.

처음에는 오류선생(五柳先生)[5]의 본을 받아 양류(楊柳)를 많이 심어볼까 하고도 생각한 적이 있었다. 너무 짙은 감나무 그늘은 우울한 내 심사를 더 어둡게 할까 저어한 때문이었다. 그러나 한 해 두 해 지나고 보니 요염한 버들가지보다는 차라리 어수룩한 감나무가 정이 두터워진다.

나는 또 노시산방에 이들 감나무와 함께 조화를 시켜야 할 여러 가지 나무와 화초를 심기에 한동안은 게으르지 않았다. 우선 나무로서는 대추며 밤이며 추리며 벽오동(碧梧桐) 등과, 꽃으로는 목련, 불두, 정향, 모란, 월계, 옥잠, 산다, 황국, 철쭉 등을 두서없이 심어놓고, 겨울에는 소위 온실이라 하여 한 평이나 겨우 될락말락한 면적을 사오 척(尺) 내려 파고 내 손으로 문을 짠다 유리를 끼운다 해서 꼴같잖게 만들어놓은데다가, 한두 분(盆) 매화와 난초를 넣고 수선을 기르고 하면서 날이 날시금 물을 주기에 세사(世事)의 어찌 됨을 모를 만한 지경이었다. 이렇게 하고 있노라니까 이 모양이나마 우리 산방의 살림을 누가 보면 재미가 나겠다고도 하고, 자기네도 한번 이렇

---

5) 중국 진나라의 시인 도연명(陶淵明).

게 살아보았으면 하며 부러워하는 인사(人士)도 있었다.

  그러나 나 같은 사람의 성질로써 그런 생활이 오래 계속될 리는 만무한 것이었다. 나는 한두 해를 지나는 동안 어느 여가엔지 뜰을 내려다보는 습관이 차츰 줄어들고, 필시에는 본바탕의 악성, 태만이 발동하기 시작했다. 그 좋아하던 감나무도 심상해지고, 화초에 풀이 자욱해도 못 본 체하고, 어떤 놈은 물을 얻어먹지 못하여 마르다 못해 배배 꼬이다가 급기야는 곯아 죽는 놈들이 비일비재였건만 그래도 나는 태연해졌다. 대체로 화초란 물건은 이상한 것이어서, 날마다 정신을 써가면서 들여다볼 적에는 별로 물을 부지런히 주는 법이 없더라도 의기가 충천할 것처럼 무럭무럭 자라나는 놈이, 아무리 비옥한 토질과 규칙적으로 물을 얻어먹는 환경에 있으면서도 주인에게 벌써 사랑하는 마음이 끊어지고, 되면 되고 말면 말라는 주의로 나가는 데는 제아무리한 독종이라도 배배꼬이지 않는 놈을 별로 보지 못했다. 화초일망정 아마도 정이 서로 통하지 않는 소이(所以)일까.

  나의 게으름은 이렇듯이 하여 금년 들어서부터는 모든 것을 잃어버리다시피 했다. 그것은 어느 때고 한번은 오고야 말 운명이라고 예감하고 있었던 것이었다.

그러나 나는 비록 게을러서 화초를 거두기에 인색하기는 했지만 그래도 해마다 하느님께만 모든 것을 맡기고 있었다. 마르다 못해 곯고, 곯다 못해 죽어가던 놈도 철따라 사풍(斜風)과 세우(細雨) 덕분으로 밤 동안에 개울물이 풍성하게 내려가고 뿌리 끝마다 물기가 포근히 배 오르면 네 활개를 치듯이 새 기운을 뽐내는 것들인데, 금년에도 역시 나는 설마 비가 오려니 오려니 하고 기다렸더니 설마가 사람을 죽인다는 격으로 장마철을 지난 지 한 달이 가고 두 달이 가고 석 달이 또 가고 하여도 비가 올 생각은 꿈에도 하지 않는다. 산골 개울물이 마르는 것쯤은 또 용혹무괴(容或無怪)[6]이려니와 그 잘 나던 샘물이 마르고 식수가 떨어지고 나중에는 멀쩡한 나뭇잎이 단풍도 들지 않은 채 뚝뚝 떨어지는 것이 아닌가. 연달아 밤나무가 죽고 대추나무가 죽고 철쭉이 죽고 하여 평생에 보지 못하던 초목들의 떼송장이 온 마당에 질펀해진다. 그러나 사람들은 죽지 못해 한 지게에 십 전(錢)씩 하는 수돗물이라도 사서 먹는다 치더라도, 그렇다고 그 많은 나무들을 일일이 십 전어치씩 물을 사서 먹일 기력이 내게는 또한 없

---

6) 혹시 그럴 수도 있으므로 이상할 것이 없음.

다. 그러고 보니 점점 초조해지기만 한다. 가지마다 보기 좋게 매달렸던 감들이 한 개 두 개 시름없이 떨어지고, 돌돌 말린 감잎이 애원하듯 내 앞으로 굴러오는 것이다. 뿐만 아니라 그 보기 좋던 나무 둥치가 한 겹 한 겹 껍질이 벗겨지기 시작한다. 나는 다른 어느 나무보다도 감나무가 죽는구나 하는 생각에 정신이 번쩍 차려졌다.

주인이 감나무를 위해 살고 있다시피 한 이 노시산방의 진짜 주인공이 죽는단 말이 될 말인가. 모든 화초를 희생하는 한이 있더라도 이 감나무만은 구해야겠다는 일념에서 매일같이 십 전짜리 물을 서너 지게씩 주기로 했다. 그러나 감나무들은 좀처럼 활기를 보여주지 않은 채 가을이 오고 낙엽이 지고 했다. 여느 해 같으면 지금 한창 불타오르듯 보기 좋게 매달렸어야 할 감들이 금년에는 거의 다 떨어지고 몇 개 남은 놈들조차 패잔병처럼 무기력해 보인다.

주인을 못 만난 그 나무들이 명춘(明春)에 다시 씻은 듯 새 움이 돋고 시원한 그늘을 이 노시산방과 산방의 주인을 위해 과연 지어줄 것인지?

― 기묘(卯) 11월 4일 노시산방에서

醫莊後記
육장후기

좋은 친구 수화(樹話)[1]에게 노시산방을 맡긴 나는 그에게 화초들을 잘 가꾸어달라는 부탁을 하고 의정부에 새로 마련한 삼간두옥(三間斗屋)에 두 다리를 쭉 뻗고 누웠다.

한 채 있던 집마저 팔아먹고 이렇다는 직업도 없이 훨훨 날 것처럼 자유스러운 마음으로 천석고황(泉石軒肓)[2]이 되어서 자고 먹고 하다보니 기껏해야 고인(古人)의 글이나 뒤적거리는 것이 나의 일과일 수밖에 없었다.

하루는 늦게 일어나서 소위 측상음(廁上吟)[3]을 하고 있는데 우연히 이러한 시를 발견하고 그 시의 작자인 송 씨

---

1) 화가 김환기(金煥基).
2) 고질병이 되다시피 산수 풍경을 좋아함.
3) 뒷간에 앉아 시를 읊다.

(失名)[4]라는 이의 심경이 나와 꼭 같은 데 놀랐다.

鬻廬(육려)

집을 팔고

自歎年來刺骨貧(자탄년래자골빈)

세상에, 요 몇 년간 뼈에 저린 가난으로

吾廬今已屬西隣(오려금이속서린)

정들었던 내 집조차 이웃 손에 넘어갔네

殷勤說與東園柳(은근설여동원류)

뜰에 선 저 버들아, 어디 한번 물어보자

他日相逢是路人(타일상봉시로인)

앞으로 설마 나를 남 보듯이 하려느냐

송 씨는 어느 때 사람인지 그의 이름이 무엇인지도 나타나 있지 않았다.

단 넉 줄의 시에서 그가 점점 가세가 기울어져가는 사람이라는 것, 이웃 사람에게 가난에 쪼들려 집을 팔아버

---

4) 이름이 전하지 아니하여 알 길이 없게 됨.

렸다는 것, 그리고 그가 살던 집에는 그가 몹시 사랑하던 버드나무가 정원에 서 있었다는 것들을 짐작할 수 있을 뿐이다.

그는 자기의 몸을 담고 살던 집을 무엇보다도 사랑한 듯 버드나무를 보고 후일 이 집 앞을 지날 때면 너도 나를 남인 척하겠구나 하고 오열에 가까운 탄식을 한 흔적이 한 토막 절구(絶句)를 통하여 역력히 드러난다.

집을 샀던 사람도 이 시를 보고서는 감격함을 못 이기어 그 집을 도로 송 씨에게 주었을 뿐 아니라 송 씨의 부채까지도 물어주었다는 아름다운 이야기가 이 시에 숨어 있다.

하루는 자주 놀러오던 대산(袋山)을 만나 이런 이야기를 하였더니 그 다음에 대산이 시 한 수를 지어 보냈다.

債家日迫滿家憂(채가일박만가우)
빚진 집이 날로 궁색하여 집안에 근심이 가득하니
忍賣園廬卉木酬(인매원려훼목수)
차마 초목과 교감하던 뜰 있는 오두막을 팔았구나
老柿秋來紅結子(노시추래홍결자)

늙은 감나무에 가을이 와서 붉은 열매 맺어도

自今應敎他人收(자금응교타인수)

이제부터 다른 이로 하여금 거두는 걸 당하네

森森檜栢夾溪長(삼삼회백협계장)

빽빽한 전나무와 잣나무 계곡 길게 끼고

此地曾留大院王(차지증유대원왕)

이 땅은 일찍이 대원왕이 머물렀는데

嗟未百年已萬劫(차미백년이만겁)

백년이 못 되어 만겁이 흘렀으니

亭前片石繫牛羊(정전편석계우양)

정자 앞 조각돌에 소나 양을 매었구려

邈矣安公尙可追(막의안공상가추)

안견은 멀더라도 숭상하고 따를 만하고

兩園後出光葳蕤(양원후출광위유)

김홍도와 장승업은 뒤에 나와 무성하게 빛나는구나

微吾子孰紹遺業(미오자숙소유업)

내 자식이 아니면 누가 유업을 잇겠는가

兀兀窮年無自悲(올올궁년무자비)

어려운 때 우뚝하게 자신을 슬퍼하지 말게나

畵書原是一源來(화서원시일원래)

그림과 글씨는 본디 한 근원에서 왔는데

隔膜較之儘可哈(격막교지진가합)

가름막으로 그를 비교하니 모두 웃을 만하고

悟得歲寒圖上理(오득세한도상리)

세한도 위의 도리를 깨달아 얻어

暗期千古毫端廻(암기천고호단회)

가만히 붓끝의 돎을 영원히 기약하네

日夕往還多與俱(일석왕환다여구)

저녁에 갔다가 돌아옴에 함께함이 많고

禿頭恰好映羔鬚(독두흡호영고수)

대머리(대산)는 마치 염소수염(근원)을 비추듯 좋아하고

兩街夸子笑相問(양가과자소상문)

두 길에서 뽐내고 사랑하고 웃으며 서로 방문했는데

鬚者何如禿者愚(수자하여독자우)

수염 난 사람은 어찌하여 대머리를 우직하다 하는고?

* 안(安) 공은 현동자(玄洞子) 안견(安堅). 양원(兩園)은 단원(檀園) 김홍도(金弘道)와 오원(吾園) 장승업(張承業). 세한도(歲寒圖)는 추사 선생의 순 남화(南畵) 정신으로 그린 〈세한도〉. 독두(禿頭, 대머리)는 대산(袋山), 고수(羔鬚, 염소수염)는 필자.

대산은 그 나이에 맞지 않게 머리가 벗겨져서 공연히 늙어 보이고 나는 염소처럼 턱 아래위에 꼬부라드는 수염을 기르고 다녀서 역시 나이에 맞지 않게 늙어 보였다.

창동에서 다니던 대산과 의정부에서 다니던 나는 매일같이 차중에서 만나고 만나서는 일경(日警)의 눈을 슬슬 피해가면서 학문이며 예술에 관한 이야기의 꽃을 피웠다.

그 초라한 행색을 한 독두공(禿頭公)과 고수공(羔鬚公)이 한데 어울려 다닐 적에 보는 사람들은 얼마나 웃었을까?

평생 한시(漢詩)라고는 짓는 체하지도 않던 대산이, 일인의 세상에서는 산송장 노릇을 하던 대산이, 이러한 유유(悠悠)한 시를 지은 데는 그의 심경을 짐작하고도 남음이 있으니 그 당시 모든 것에 희망을 잃고 생사의 관두(關頭)[5]에서 방황하던 대산인지라 그의 친구인 나를 두고 지은 이 시에도 역시 맥맥이 흐르는 그의 비애가 숨어 있음을 느끼게 된다.

---

5) 중요한 기로.

나는 대산의 증시(贈詩)[6]에 수화(酬和)[7]할 의무를 느꼈으나 불행히도 한시라고는 자고저(字高低)[8]도 모르는 몰자비(沒字碑)[9]라 후일 기회를 보아 그림으로 대신 응수하기로 하고 말았다.

일본이 패망하는 날은 반드시 우리에게 독립이 곧 올 것이요 우리가 떳떳한 독립 국민이 되는 날은 내 평생에 쌓인 심회를 탁 풀어놓고 마음대로 그림도 그려보려니 하였다.

그때는 대산의 시도 그림으로 재현될 날이 오리라 하였다.

그러나 기회는 좀처럼 오지 않았다.

'해방'이란 간판을 갈아 건 지도 어언 3년이 넘었건만 우리들의 울분은 그대로 사라질 날이 없다.

대산의 언약을 이행하지 못하는 것도 적이 미안한데 더구나 건망증 많은 내가 그의 시조차 잊어버릴까 저어하여 이에 내 잡문 중에 초록(抄錄)해두려는 것이다.

---

6) 선사한 시.
7) 시문(詩文)으로 화답함.
8) 한자음의 높낮이.
9) 글자가 새겨져 있지 않은 비석처럼 풍채는 좋으나 글을 모르는 사람을 낮추어 부르는 말.

지금 회상하면 허망타 할까 어이없다 할까, 한참 북새통을 치른 다음 소위 '해방'이라는 시기가 오자 나는 다시 새로운 감격과 희망을 가지고 서울로 올라왔다.

서울로 올라온 뒤로 한번은 노시산방의 새 주인 수화(樹話)를 만났더니 그의 말이 "노시산방을 4만 원에 팔라는 작자가 생기고 보니" 나에게 대해 "대단히 미안한 생각이 난다"는 것이다.

그리고 그 후로 수화는 가끔 나에게 돈도 쓰라고 집어주고 그가 사랑하는 좋은 골동품도 갖다주고 하는 것이다.

그럴 때마다 나는 옛날 시인 송씨의 집을 산 사람을 연상하게 되고 옛날 세상에만 그러한 사람이 있는 줄 알았더니 이 각박한 세상에도 역시 그와 같은 사람은 있구나 함에 모든 것을 다 잃어버린 오늘에도 가장 큰 보물을 얻은 것처럼 마음이 든든함을 느낀다.

인생이란 세상에 태어날 때 털 올 하나 가지고 온 것이 없다. 우리가 세상을 떠날 때도 털 올 하나 가지고 갈 수는 없다.

물욕(物慾)의 허망함이 이러하다.

많은 친구를 사귀어보고 여러 가지 일을 같이 경영해보았으나 의리나 우정이나 사교란 것이 어느 것 하나 이

욕(利慾)의 앞에서 배신을 당해보지 않은 것이 없다.

순수하다는 것을 정신의 결합에서밖에는 찾을 길이 없다.

이 정신의 결합을 가능하게 하는 것은 오직 종교의 세계와 예술의 세계에서뿐이다.

수화는 예술에 사는 사람이다.

예술에서 산다는 간판을 건 사람이 아니요, 예술을 먹고 예술을 입고 예술 속에로 뚫고 들어가는 사람이다.

노시산방이 지금쯤은 백만 원의 값이 갈는지도 모른다. 천만 원, 억만 원의 값이 될는지도 모른다.

그러나 지금 나에게 노시산방은 한 덩어리 환영에 불과하다.

노시산방이란 한 덩어리 환영을 인연삼아 까부라져가는 예술심(藝術心)이 살아나고 거기에서 현대가 가질 수 없는 한 사람의 예술가를 얻었다는 것이 무엇보다 기쁜 일이다.

원수원과 정판교와 빙허와 나와
袁隨園　　鄭板橋　　憑虛

서로 미면식(未面識)이었던 칼라일과 에머슨은 처음으로 만나 인사를 한 뒤 삼십 분간이나 같이 묵묵히 앉았다가 오늘 저녁은 퍽 재미나게 놀았다 하고 헤어졌다는 싱겁고도 이상한 이야기가 있다.

그럴 법한 일이라 그들의 심경이 짐작된다.

흥화(興化)의 정판교가 산동(山東)에서 미관말직을 살고 있을 때 누가 잘못 듣고 수원(隨園)[1]이 죽었다는 소식을 오전(誤傳)했다. (판교와 수원은 그때까지 서로 만나지 못한 사이였다.)

판교는 발을 구르며 대성통곡했다.

---

1) 중국 청나라 중기의 문인 원매(袁枚).

이러한 소식을 전문(傳聞)²⁾한 수원은 퍽 감격했다.

그 후 두 사람은 또 만날 기회가 없었다가 이십 년이나 지난 후에야 노아우(盧雅雨)³⁾의 사랑에서 처음으로 만났다.

수원을 만난 판교는 이러한 말을 했다.

"천하가 넓으나 굴지(屈指)⁴⁾할 만한 인재가 몇 사람이나 되오."

수원은 감격하여 다음 같은 시를 지어 보냈다.

    聞死誤拋千點淚(문사오포천점누)

    죽었다는 소식 잘못 듣고 눈물을 흘렸는데

    論才不覺九州寬(논재부각구주관)

    인재를 따짐에 천하의 넓음을 몰랐네

    ―「隨園詩話(수원시화)」

동심지인(同心之人)이 서로 그리다가 만나는 장면이 눈물겨웁기까지 하다.

---

2) 전(傳)하여 들음.
3) 중국 운남성 곤명 사람.
4) 손가락을 꼽아 헤아림.

빙허(憑虛)[5]는 나보다 혹 삼사 세 위일는지도 모른다.

빙허가 그의 처녀작 「빈처(貧妻)」를 《개벽》지에 발표했을 때 나는 촌에서 갓 올라온 중학생이었다.

「빈처」를 읽고 감격한 나는 곧 그에게 만나고 싶다는 편지를 보냈다.

빙허도 곧 내게 회답을 했고 그 뒤에도 여러 번 같은 자리에 앉아보기까지 했지만 나는 종내 그에게 말을 건넬 용기가 없도록 수줍었고 빙허도 나에게 말을 건네기까지는 못하였다.

우리는 서로 짐작만 하면서 십여 년의 세월이 물 흐르듯 흘러갔다.

그 뒤로 빙허는 몸에 살이 오르기 시작했다.

그 가냘프던 빙허가 뚱뚱한 은행가의 체구로 변한 뒤로는 그에 대한 호기심은 웬일인지 사라져버리고 나는 빙허를 만날 것을 단념하고 말았다.

그랬더니 무상한 인생은 그와 나와의 사이에 파문을 그리기 시작했다.

돌연히 빙허가 죽었다는 기사가 나타났다.

---

[5] 소설가 현진건(玄鎭健).

나는 처음으로 전농동(典農洞) 빙허의 집에 조객으로 찾아갔다.

(아무도 빙허와 내가 인사 없는 자리인 줄은 몰랐으리라.)

돌아서면서 나는 솟는 눈물을 금할 길이 없었다.

수원과 판교는 이십 년 후에야 서로 만났다지만 빙허와 나는 이백 년 후이면 혹 만날 날이 있을는지!

생각나는 화우(畵友)들

　수학, 역사, 외국어, 이화학, 이 밖에도 수많은 과정을 꼭같이 배우던 친구들로, 그중에서도 그림만 좋아하여 따로 모인다는 것도 기연(奇緣)이었거니와, 이렇게 같은 길을 걸으려던 친구들도 한 해 두 해 십 년 이십 년 세월이 흘러가는 대로 혹 전업(轉業)도 하고 혹 폐공(廢工)도 하고 또 혹은 남 먼저 죽어버리기도 하여, 내 나이 이십 세 전후에서 오십 줄을 바라보는 불과 이삼십 년 동안에 지난날을 회상할 때 덧없기도 하고 기막히기도 한 일이 한두 가지가 아니다.

　그 동안 나도 몇 차례나 그림을 그린다는 데 고민을 거듭하고 심경에 끊임없는 변화를 일으키며 갖은 우여곡절을 겪고 나서 불로불소(不老不少)한 오늘에 아직도 되지 않은 그림장을 그립네 하고 버티는 것이 행인지 불행인지 모르겠으나, 이제 와서는 새삼스레 내가 그림을 그리고 산다는 것을 후회할 것도 없고 또 이 밖의 다른 공부를 더 부러워하지도 않는다.

쉬운 말로 만성이 되어서 그러한지 이제는 별조[1]가 없을 터이니까 그러한지 모르나, 아무튼 나는 나대로 화도(畵道)를 걸어가는 것이 가장 행복되다고까지 생각하고 있는 터이다.

그런데 내 친구 중에는 요외(料外)[2]로 초지(初志)대로 나가지 못한 사람이 많으니, 중도에서 그림을 덮어버린 친구가 한둘이 아니요, 또 내가 존경하고 아끼던 친구로서 아깝게도 요절해버린 사람도 또한 적지 않다.

최창순(崔昌順) 형은 바로 재작년에 도미했던, 개성서 적십자 병원을 경영하던 이름 높은 의사다.

나는 중앙(中央)에 다니고 최 형은 배재(培材)에 있었다.

미술학교 시험을 치르겠노라고 그 먼 거리를 계동(桂洞) 꼭대기까지 매일같이 방과 후면 찾아와서 나와 함께 석고 데생을 연습했다.

그의 가정은 퍽 빈한하여 남의 도움으로 학업을 계속

---

1) 달리 어떻게 할 방법.
2) 전혀 생각이나 예상을 하지 못함.

했으므로 미술 공부만은 한사코 말리는 것이었으나, 그는 그림을 생명으로 알고 기어이 미술 공부만 하겠노라고 버티었다.

그러나 그의 온아한 성격은 종시 부모의 명을 어길 수 없었던지 필경 세브란스에 입학을 했고, 그 뒤에 들으니 그는 해부학 실험을 하는 동안 그 끔찍스런 시체를 만지기에 한 달 이상이나 자다가도 헛소리를 치고 신경쇠약에 걸릴 지경이란 소문까지 들렸다.

비교적 평탄하게 미술을 공부할 수 있었던 나는 그의 재주와 함께 몹시 그의 불행함을 동정했다.

내가 미술학교를 마치고 정말 경제적으로 불우하게 되었을 때 개성 가는 차 중에서 그를 만났는데 그는 의사로서 이름이 높았고 경제적 여유도 놀랄 만큼 달라졌다.

"내가 그때 만일 부모님의 명령에 좇지 아니했던들 오늘날 얼마나 불행했을는지 모르오" 하는 그의 말에 나는 다시 선모심(羨慕心)[3]을 일으킨 적도 있다.

최 형을 위해서는 다행한 일이겠으나 화우로서의 최 형을 잃은 것은 아직도 섭섭하다.

---

3) 부러워하고 사모함.

최 형과 거의 동시에 미술을 지망하던 나의 친구는 여러 사람이어서 나와 같이 사진을 찍은 전라도 친구로 얼굴이 넓죽하고 성미가 시원한 사람 하나가 있었으나 오래되어 그의 성명도 기억에 남지 않고 생사까지도 모른다.

김온(金溫)이란 친구는 그 당시에 퍽 재주 있는 그림을 그리던 사람이었는데, 그 후 러시아 문학을 전공하여 문단으로 활약하더니 근간에는 역시 소식이 묘연하다.

석영(夕影) 안석주(安碩柱) 형과 향린(香隣) 이승만(李承萬) 형은 나이도 나이려니와 그보다도 그림 공부로 훨씬 우리보다 선배였고, 시관(時觀) 장석표(張錫豹) 형은 빛나는 재조(才操)로 초기 〈서화협회전〉을 장식하던 친구러니 그 후 동양화를 그리다가 오랫동안 나타나지 않는다. 역시 잊을 수 없는 화우다.

시관 장 형과 같이 〈서화협회전〉에서 이채(異彩)를 띤 작가로 심영섭(沈英燮) 형은 사상적으로 니힐리스틱한 경향을 가지고 아르치파셰프의 『사닌』과 『노동자 세위리요프』를 탐독하고 또 『도덕경』을 읽고 불교에로 기울어지더니 인생에 대한 극단의 회의를 품은 채 그의 향리(鄕里)인 충남 당진으로 내려갔는데, 작품은 물론 손을 뗀 모양이요 벌써 십오륙 년 전 내가 병으로 신음할 때 잠깐 만

나보았을 뿐 그 후 영 소식을 들을 길이 없다. 만나고도 싶거니와 화우로서의 가장 이별하기 싫은 친구다.

이창현(李昌鉉) 형은 죽은 강신호(姜信鎬)와 같이 세잔느를 숭배하고 군상(群像)을 취재하기 즐겨 하는 씩씩하고 재기 있는 좋은 그림을 그렸는데, 중간에 폐업을 하고 지금은 의정부에서 아주 상인으로 돈을 벌고 있다.

이십사오 년 전에 고려미술원이란 화원이 구리개[4]에 설립되었을 때 이종우(李鍾禹), 김은호(金殷鎬), 김석영(金奭永), 강진구(姜振九), 김복진(金復鎭), 박영래(朴榮來) 제씨가 동인으로 모였다. 김석영이란 화가는 지금 생각하기에 퍽 자유스러운 터치로 풍경을 그린 것을 몇 번 보았는데 그 후 아주 폐공을 하고, 연전(年前)에 들으니까 동소문 안에서 침구전문의(鍼灸專門醫)가 되어 개업을 하고 있다더니 지금은 어디로 옮겼는지 알 수 없고, 강진구란 이는 내시(內侍)로서 상해에서 그림을 배웠다던가, 침착한 유화가였는데 그림은 그 후 아주 폐하고 연전에는 의정부에서 산다더니 그 후는 행방을 모르겠다. 박영래란 이도 그 후 그림을 떠나서 사진업을 하고 있다더니 역시 소식을 모른다.

---

4) 현재 을지로의 옛 지명. 멀리서 보면 구리가 햇빛에 반짝이는 듯하다 해서 '구리개'라는 지명이 붙었다.

방면은 다르나 조각을 하던 김복진 형은 인물이 퍽 외교적이어서 예술가라기보다는 정치 방면의 사람이었으면 좋을 인물 같았으나, 조각으로도 상당한 기술을 가졌고 살아 있었다면 퍽 유용한 일을 할 사람이었을 것인데, 불행히도 연전에 장년의 나이로 작고하고 말았다.

대구 있을 때 사귄 화우로서는 서동진(徐東辰), 최화수(崔華秀), 박명조(朴命祚) 등 제형이 있었는데, 최 형은 그림보다 문학이 더 조예가 깊어서 한때 세평(世評)이 좋은 소설까지 발표하였으나 무슨 이유론지 그는 그림을 더 그리려 했다. 그러나 다난한 세파는 우리들의 지향하는 바를 순순히 길러주지 못하여, 최 형은 생활을 위하여 전전하다가 지금은 군수(郡守)살이를 한다는 소문이 들리고, 서 형 역시 들은 바에 의하면 그림보다는 장사에 더 힘을 기울이게 되는 모양이며, 박 형은 지금도 화필을 놓지나 않았는지 소식이 격조(隔阻)하다.

지금 살아 있는 나의 옛날 화우들은 대략 이러하거니와, 그간에 벌써 고인이 된 사람이 또한 적지 아니하니, 석영, 향린과 함께 활약하던 분으로 정규익(丁奎益)이란 이는 그때 모 관청에 직을 갖고 있으면서 퍽 재주 있는 화풍을 보여주던 작가였으나 오래전에 벌써 세상을 떠나고 말았고, 진주 친구로 강신호 군은 한때 연소한 작가로 가장 인기의 초점이 되었던 빛나는 화가였다. 미술학교를 나보다 한 반(班) 위에 다녔고 얼굴이 맑고 고우며 말소리는 약간 더듬는 편이었다. 재주가 많다기보다는 무척 근(勤)한 작가로서, 동경서 우리들이 돈이 생기면 활동사진 구경을 가고 다방 출입을 하는 동안에 그는 겨울에 외투를 잡혀서까지 돈을 마련하여 채색(彩色)을 사고 방학 중에도 하루 한시를 노는 틈이 없이 제작에 열중하다가 아침이면 코피를 쏟는 것을 몇 번이나 목도하였다.

세잔느를 숭배하고 침울한 그림을 그렸으나 그의 색채는 영롱한 구슬빛이 떠돌았다. 그러나 우리의 운명은 좋은 작가를 오래도록 머물러두지 않았다.

어느 해 여름방학에 돌아온 그는 이창현 형과 같이 진주 촉석루 아래서 목욕을 하다가 강 군은 의외의 익사를 하고 말았다.

한 십 년 전이었던가 구리개 어느 고물상에서 그의 자화상이 틀에 끼운 채 쓰러져 있기에 얼마냐 했더니 일 원 오십 전만 내라 하기로 사가지고 오면서 탄식하던 생각이 난다.

강 군도 내가 아껴 하는 친구 중의 한 사람이거니와 그

죽음을 가장 아까워하는 친구는 토수(土水) 황술조(黃述祚) 군이다.

토수는 강신호 군과 한 급(級)에서 공부했다. 경주 사람으로서 아마 우리가 아는 범위의 화가로서는 가장 격이 높은 사람이었을 것이다.

토수는 술을 즐겨 하기를 태백(太白)[5] 부럽지 않게 했다. 자그마한 키와 날씬한 몸에 까무잡잡한 코밑수염을 기르고 언제나 웃는 얼굴로 친구를 무척 좋아했다.

조선서 동경까지 가는 동안 그는 술로써만 배를 채우다시피 하는 대음(大飮)이었으나 술로 해서 실수하는 일이 결코 없었다.

토수는 다방면의 취미를 가져서 우리가 눈도 뜨기 전에 그는 혼자서 구해왔다는 추사 선생의 글씨를 걸어놓고 즐겨 했고, 불상의 수집과 감상에도 일가견을 가졌던 것 같다. 그리고 다도(茶道)에 깊은 취미를 갖고 조원(造園)[6]하는 재주와 화초 기르는 재주는 비상하였다. 일반 목공예의 재주도 놀라웠으나 특히 요리를 만드는 데는 능숙하였다.

---

5) 중국 당나라의 시인 이태백(李太白).
6) 정원을 꾸미는 일.

우에노 공원(上野公園)[7] 아래 있는 어느 아파트 오층에 있을 시절의 토수를 방문하였더니 그는 손수 치킨 라이스를 만들어내는데, 일류 양식점의 그것보다 훨씬 맛이 좋은 데는 놀라지 않을 수가 없었다.

토수는 이렇게 다방면에 긍(亘)한 재주를 가진 탓인지 그의 그림에도 항상 섬광이 빛났다. 그러나 유감인 점은 토수는 몹시 게을러서 좀처럼 그림을 그리려 하지 않았다. 그래서 그는 좋은 기술을 발휘해주지는 못한 채 가버렸다.

그가 가기 직전에는 동양화도 그렸다.

토수는 퍽 진실하고 침착하고 온정 있고 의리 있는 친구였다.

그러한 토수이면서도 이상하게도 그는 일종의 변태성이 있었다.

동경 있을 때 길을 가다 말고 전차에 오르려는 양장(洋裝)한 여성의 다리에다 쫓아가서 입을 대고 빨았다는 이야기도 내가 듣고 웃었거니와, 그는 어느 집이든 누구의 발에는 윤기가 흐르게 반질반질 닦은 구두를 보면 견딜

---

7) 일본 도쿄미술학교 근방의 공원.

수 없다는 것이다.

그래서 곧잘 남의 집 신장에 잘 닦아놓은 구두코를 걸핏하면 핥았다는 것이다.

아무튼 토수는 좋은 친구였다.

나보다 좀 후배이기는 하나 김종태(金鍾泰) 군은 발랄한 재기와 예리한 감각으로 가장 참신한 그림을 그려서 장래가 퍽 촉망되더니 아까운 재주는 요절하는 것이 상례인지 평양에서 불의의 열병으로 객사를 하였다.

내 나이 항상 어린 줄 알던 나도 어느덧 늙어가는 장년의 나이라, 가만히 지난 과거와 과거에 사귀던 화우들을 생각하니 모든 것이 꿈결 같고 허무하기 짝이 없다.

지난 세월이 이러하였거늘 앞으로 닥쳐올 세월의 덧없음이야 더 말할 것이 있으랴!

II

詩 畵
시와 화

 일자무식이면서도 시의(詩意)를 가진 사람이면 시가(詩家)의 진취를 알았다 할 수 있고, 일게(一偈)를 불참하고도 선미(禪味)를 가진 사람이면 선교(禪敎)의 현기(玄機)를 깨달았다 할 수 있다.(채근담)

 세상 사람들이 고작 유자서(有字書)나 읽을 줄 알았지 무자서(無字書)를 읽을 줄은 모르며, 유현금(有絃琴)이나 뜯을 줄 알았지 무현금(無絃琴)을 뜯을 줄은 모르니, 그 정신을 찾으려 하지 않고 껍데기만 쫓아다니는데, 어찌 금서(琴書)의 참맛을 알 도리가 있겠느냐.(채근담)

「채근담(菜根譚)」을 뒤치다가 이러한 말들이 꽤 재미나기로 수첩에 적어둔 것이 생각나서 다시 한번 옮겨 쓴다.

『수원시화』에도 꼭같은 말이 있다.

왕서장(王西莊)이 그의 친구 저서의 서문을 써주는데—소위 시인이란 것은 음시(吟詩)깨나 한다고 시인이 아니요, 가슴속이 탁 터지고 온아한 품격을 가진 이면 일자무식이라도 참 시인일 것이요, 반대로 성미가 빽빽하고 속취(俗趣)가 분분한 녀석이라면 비록 종일 교문작자(咬文嚼字)[1]를 하고 연편누독(連篇累牘)[2]하는 놈일지라도 시인은 될 수 없다. 시를 배우기 전에 시보다 앞서는 정신이 필요하다.(수원시화)

동파(東坡)[3]가 왕유(王維)[4]를 찬(贊)한 중에, 마힐(摩詰)의 시에는 시중유화(詩中有畵)요 화(畵)에는 화중유시(畵中有詩)라 하여 소위 시화일체(詩畵一體)의 상승(上乘)임을 말하였다.

동서고금을 통하여 회화의 최고정신을 담은 것이 남화(南畵)요 남화의 비조(鼻祖)로 치는 이가 왕마힐이니만큼, 그의 시화일체의 정신은 후일 비록 한 편의 시와 한 폭의 화까지

---

[1] 지나치게 글의 자구를 다듬는 것을 이르는 말로 전고(典故)나 어려운 글자를 즐겨 써서 학문과 재주를 자랑함.
[2] 쓸데없이 문장이 길고 복잡함.
[3] 중국 북송 때의 시인 소동파(蘇東坡).
[4] 중국 당나라의 시인이자 화가로서 자(字)는 마힐(摩詰).

소멸하고 만 뒤에도 그 정신만은 뚜렷이 살아갈 것이다.

동도서말(東塗西抹)[5]하여 그림이 되는 것이 아니다. 흉중(胸中)에 문자(文字)의 향(香)과 서권(書卷)[6]의 기(氣)가 가득히 차고서야 그림이 나온다.

이것은 시에서와 꼭 마찬가지의 논법이다. 문자향(文字香) 서권기(書卷氣)[7]라는 것은 반드시 글을 많이 읽으란 것만은 아니리라.

동문민(董文敏)[8]의 『화선실수필(畵禪室隨筆)』에서 말한 바 독만권서(讀萬卷書)하고 행만리로(行萬里路)[9]해서 흉중의 진탁(塵濁)[10]을 씻어버리면야 물론 좋다. 그러나 일자불식이면서라도 먼저 흉중의 고고특절(高古特絶)[11]한 품성(稟性)이 필요하니, 이 품성이 곧 문자향이요 서권기일 것이다.

---

5) 이리저리 마구 칠함.
6) 책.
7) 예술의 격조는 높은 학문을 닦은 후에야 나올 수 있다는 뜻.
8) 중국 명나라의 문인, 화가, 서예가인 동기창(董其昌).
9) 만 권의 책을 읽고, 만 리 길을 걷는다.
10) 티끌과 혼탁함.
11) 고상하고 고풍스러움이 빼어남.

오원(吾園)의 그림은 여기서 나왔다. 좋은 작가는 의재필선(意在筆先)[12]하는 정신 속에서 산다.

또 하나 『수원시화』에 재미난 이야기가 나온다.

곽휘원(郭暉遠)[13]은 가신(家信)[14]을 부칠 때 잘못 편지 대신 백지를 넣어 보냈다.

그 아내가 답시(答詩)를 부쳐 왔는데,

碧紗窓下啓緘封(벽사창하계함봉)

尺紙從頭徹尾空(척지종두철미공)

應是仙郞懷別恨(응시선랑회별한)

憶人全在不言中(억인전재불언중)

이라 하였다. 의역하면 이러하다.

벽사창에 기대어 어른의 글월을 받자오니 처음부터 끝까지 흰 종이뿐이오라. 아마도 어른께서 이 몸을 그리워하심이 차

---

12) 그림은 붓으로 그리기 전에 뜻이 먼저 있어야 한다는 말.
13) 중국 청나라 사람.
14) 자기 집에 보내는 편지나 소식.

라리 말 아니하려는 뜻을 전하고자 하심인 듯하여이다.

수원은 이 시의 묘함을 감탄하여 초록(抄錄)함인 듯한데, 실은 이 시보다 시인의 부군 되는 곽휘원이 더 시인답게 느껴진다.

써둔 편지인 줄 알고 흰 종이를 잘못 봉해 보내게 되는 그의 성격은 족히 시인이나 화가의 자격이 충분한 인물이다. 그의 뜻, 그의 이상이 어느 곳에 몰려 있는지가 불을 보듯 환하다.

어느 한 모퉁이 빈 구석이 없고서는 시나 그림이 나올 수 없다.

백지를 넣어 보낸 곽휘원이 실수면 실수지 바보는 아니리라.

이러한 실수는 아름답기 한없는 실수다.

예술에 대한 소감

　예술의 정의에 대하여 오랜 세월을 두고 수많은 예술가, 문학자, 철학자들이 그들의 이론을 전개하여 왔다.
　그들은 한결같이 예술의 진의를 천명(闡明)함에는 먼저 미(美)의 내용을 구명함에 있다 하여 미란 무어냐 하는 논제로 방향을 돌리고 말았다.
　여기에서 미학이 생기고 예술학이 대두하고 여러 사람의 예술론이 각기 색다른 기치(旗幟)를 걸고 넘나들었다.
　이리하여 미의 문제는 점점 난해한 미궁으로 우리들을 끌어가고 있다.

　그러나 모든 미에 관한 이론은 구경(究竟)[1] 두 놈이 서

---

[1] 필경.

로 꼬리를 물고 한 개의 원을 한없이 돌아가는 데 지나지 못한다.

예술이란 알고 보면 아무것도 아니다. 배가 고프면 밥을 먹는 것과 같은 다반사에 불과하다.

식탁 앞에 앉은 사람이 어떠한 태도로 어떻게 밥술을 움직이느냐 하는 것이 곧 예술창작의 이론과 실제다.

점잖게 먹느냐 얄밉게 먹느냐, 조촐하게 먹느냐 지저분하게 먹느냐 하는 것이 문제의 초점이다.

모든 위대한 예술은 결국 완성된 인격의 반영일 수밖에 없다. 인간이 되기 전에 예술이 나올 수는 없다.

미(美)는 곧 선(善)이다.

미는 기술의 연마에서만 오는 것은 아니다. 인격의 행위화에서 완전한 미는 성립된다.

기술을 부육(膚肉)[2]이라면 인격은 근골(筋骨)[3]이다. 든든한 근골과 유연한 부육이 서로 합일될 때 비로소 미의 영혼은 서식(棲息)할 수 있다.

---

2) 피부와 살.
3) 근육과 뼈.

골동설
骨董說

송(宋)의 미원장(米元章)[1]은 채유(蔡攸)와 함께 배를 타고 놀다가 유(攸)가 가진 왕우군(王右軍)[2]의 글씨를 보고 황홀하여 자기의 가진 그림과 바꾸자 하였으나 유는 듣지 아니하였다.

아무리 해도 안 될 줄 안 원장은 글씨를 가슴에 품은 채, 주지 못하겠으면 물에 빠져 죽겠노라 하고 별안간 물 속으로 뛰어들려 하므로 유는 할 일 없이 허(許)하고 말았다.

유명한 왕희지(王羲之)의 『난정서(蘭亭敍)』는 그의 칠대손인 지영선사(智永禪師)의 가진 바 되었다가 지영이 그 제자 변재(辨才)에게 전하고 후에 당(唐) 태종(太宗)은 갖은 계략을 다하여 태원어사(太原御史) 소익(蕭翼)을 시켜 변재에게

---

1) 중국 북송의 서화가 미불(米芾).
2) 중국 동진의 서예가 왕희지(王羲之).

서 『난정서』를 빼앗아 평생 진장(珍藏)하고 있다가 태종이 세상을 떠날 때 유언에 의하여 소릉(昭陵)으로 묻어버리고 말았다.

서화뿐 아니라 골동을 사랑하는 사람도 대개 이러한 심리가 작용한다.

명(明)의 동현재(董玄宰)[3]는 그의 「골동설」에서 "골동을 상완(賞玩)하는 것은 병을 물리칠 뿐 아니라 수명을 연장시키는 좋은 놀음이라" 하였다.

달인단사(達人端士)[4]로 더불어 담예논도(談藝論道)[5]를 하여 고인(古人)과 상대한 듯 잠심흔상(潛心欣賞)[6]하는 동안에 울결(鬱結)[7]한 생각이 사라지고 방종한 습관이 고쳐진다 하였다.

그러므로 골동을 완상하는 것은 각병연년(却病延年)[8]의 좋은 도움이 된다는 것이다.

중국 사람들이 이렇게 좋은 의미로 골동을 완상하는

---

3) 중국 명대 후기의 서예가 동기창(董其昌).
4) 사물에 널리 통하고 단정한 선비.
5) 예술을 말하고 도를 논함.
6) 마음을 가라앉혀 깊이 감상함.
7) 가슴이 답답하게 막힘.
8) 병을 물리치고 장수함.

반면에 우리 조선의 경향(京鄕)에 산재한 골동가들은 과연 어떠한가.

한 폭의 서화를 소유하기 위하여 생명을 도(賭)할 용기가 있겠으며 제왕의 위엄까지 희생시킬 용의가 있겠는가.

담예논도는 차치하고 각병연년도 고사하고, 골동으로써 우정을 상하고 의리를 저버리고 간교하여지고 음모성이 늘고 모리심(謀利心)을 기르고 해서야 되겠는가.

한 개 사기(砂器)를 어루만질 때나, 한 쪽 파와(破瓦)[9]를 얻었을 때나 모름지기 그것들을 통해 흘러오는 옛 형제의 피를 느끼고 그들의 감각이 어느 모양으로 나타났는지가 궁금하지 않겠느냐.

팔이 부러지고 목이 떨어졌다고, 혹은 금이 가고 이가 빠졌다고 그의 미가 어찌 손상함이 있겠느냐.

그럴수록에 더 아름답고 그럴수록에 더 값이 높아질 것이 아니겠느냐.

고인의 작품을 상품으로서 싸우고, 서화 골동을 수집함으로써 헛된 지위를 자랑하고, 완물상지(玩物喪志)[10]하는 것만도 우리의 정신생활에는 그 손해가 적지 아니하겠거

---

9) 깨진 기와.
10) 아끼고 좋아하는 사물에 정신이 팔려 원대한 이상을 잃어버림.

늘, 하물며 청빈한 덕을 길러야 할 학문인, 예술인 들이 부질없이 항간의 불학무식배(不學無識輩)의 행세거리로 내세우는 소위 '골동 취미'에 탐닉하여 멀리 학인(學人)의 진지한 태도까지 상실하게 된다면 이는 더욱 삼갈 일이 아니랴.

去俗
거속[1]

동양화의 교과서라고 할 만한 「개자원화전(芥子園畵傳)」 가운데 「논화십팔칙(論畵十八則)」 중에도 가장 중요한 대문에 이런 말이 적혀 있다.

筆墨間(필묵간) 寧有稚氣(영유치기) 母有滯氣(무유체기) 寧有霸氣(영유패기) 母有市氣(무유시기) 滯則不生(체칙부생) 市則多俗(시칙다속) 俗尤不可浸染(속우부가침염) 去俗無他法(거속무타법) 多讀書(다독서) 則書卷之氣上升(칙서권지기상승) 市俗之氣下降矣(시속지기하강의) 學者其愼旃哉(학자기신전재)

필묵 사이에는 치기가 있을지언정 껙껙한 기운이 있어선 안 되고, 패기가 있을지언정 시속기(市俗氣)가 있어선 안 된다. 껙

---

1) 속된 것을 없애다.

꺽하면 생동감이 없고, 시속기가 있으면 속되기 때문이다. 특히 속된 데 물들어선 안 된다. 속된 기운을 없애는 데 다른 방법이 없다. 독서를 많이 하면 되는데, 서권기(書卷氣)가 올라가면 시속기가 내려간다. 공부하는 사람은 이에 신중할진저!

서화라는 것은 치졸한 맛이 있거나 혹은 패기가 가득 차거나 할 것이요, 체삽(滯澁)[2]하거나 시속기가 있어서는 못쓴다는 것이다. 왜 그러냐 하면 체삽한즉 생동하는 기운을 잃어버리기 쉬운 때문이요, 시기(市氣)가 있은즉 속되기 쉬운 때문이니, 속되다는 것보다 더 천착(舛錯)스런 것은 없기 때문이다. 서화에서 제일 꺼리는 것이 이 속되다는 것인데, 그러면 속기를 없이 하는 방법은 무엇이냐, 독서를 많이 하여 현인군자의 기를 기르는밖에 도리가 없다 함이다.

추사의 「사란결(寫蘭訣)」에는 이러한 대문이 있다.
인품이 고고특절(高古特絶)하여야 화품(畫品)도 높아지는 것인데, 세인이 공연히 형태만 같이하기에 애를 쓰거나

---

2) 기이하여 읽기 어려움.

혹은 화법으로만 꾸려가려고 애쓰는 이들이 있다. 또 비록 구천구백구십구 분(分)까지는 누구나 다 할 수 있는 것이나 구천구백구십구 분까지 갔다고 난(蘭)이 되는 것이 아니요, 그 구천구백구십구 분까지 간 나머지 일 분이 가장 중요한 난관이니, 이 난관을 돌파하고서야 비로소 난을 그린다 할 것이다. 그러나 일 분의 경지는 누구나 다 될 수 있는 것이 아니니, 말하자면 인력(人力)으로 되는 경지가 아니요, 그렇다고 또 인력 이외의 것도 아니라 하였다. (인품의 고하(高下)가 결정한다는 말이다.)

난 한 폭을 배우는 데 이렇게 괴팍스런 경지를 찾고, 그림 한 쪽을 배우는 데 이렇게 야단스런 교훈을 말하는 것이 동양예술의 특이한 점이다.

『개자원』에서 거속(去俗)을 말한 것이나 추사가 일 분의 경지를 말한 것이나 결국 마찬가지 종결로 돌아가겠는데, 이것을 쉽게 말하자면 품격의 문제라 하겠으니, 사람에게 품(品)이 있고 없는 사람이 있는 것과 같이 그림에도 화격이 높고 낮은 그림이 있다는 것이다. 복잡한 곳을 곧잘 묘사하였다고 격 높은 그림이 될 수 없는 것이요, 실물과 꼭같이 그려졌다거나 혹은 수법이 훌륭하다거나 색

채가 비상히 조화된다거나 구상이 웅대하다거나 필력이 장하다거나 해서 화격이 높이 평가되는 것도 아니다. 이러한 것들은 서화에 있어서 가장 표면적인 조건에 불과한 것이요, 이 밖에 아무리 단순하고 아무리 치졸하고 아무리 조잡하게 그린 그림일지라도 표면적인 모든 조건을 물리치고 어디인지 모르게 태양과 같이 강렬한 빛을 발산하는 작품들이 가끔 있으니, 이것이 소위 화격이란 것이다. 이 화격이란 것은 가장 정신적인 요소이기 때문에 문외인에게는 쉽사리 보여지는 것도 아니다.

지상에는 흔히 난을 그리는 데 난잎을 방불하게 만드느라고 애를 쓰는 이들이 많으나, 그림이란 것이 결코 응물상형(應物象形)[3]에서만 다 되어지는 것이 아니다. 서양의 논법이 동양의 논법과 다른 것은, 하나는 화법을 화법으로서 종시(終始)하는 데 그 특질이 있고, 하나는 화법을 화도(畵道)에까지 이끌어가는 곳에 특질이 있는 것이다. 서법, 화법이 아니요, 화도요 서도인 것이다.

추사가 그 괴팍스럽기 짝이 없고, 일견에 잡초인지 난인지 구별할 수 없는 운현(雲峴)의 난(蘭)을 천하의 일품이

---

3) 사물의 모습, 특성 등을 잘 알아 그 형상을 표현하는 것을 말한다.

라 극구 칭찬한 것도, 운란(雲蘭)에서 그 무서운 빛을 감지한 까닭이라 하겠다.

지상에는 그림이 많다. 글씨도 많다. 친구의 집에 가보든지, 요정엘 가보든지 혹은 거리거리 혹은 골목골목 어느 곳에서나 그림과 글씨가 눈에 띄지 않는 곳이 별로 없다.

그러나 그 허다한 서화를 천 장 만 장 주워 모은대야 그중에 번쩍 빛나는 격높고 거속된 그림이 한두 점이나 있을 것인가.

골동가가 도자기를 어루만지며 요새 사기들을 보고 탄식할 것과 마찬가지로, 나는 『개자원』을 뒤치다가 불과 오십 년 백 년을 격한 고인(古人)들의 훌륭한 작품들을 생각하면서, 요새는 서화가 무던히도 귀하구나 하는 생각이 난다.

조선조의 산수화가

고려와 달라 조선조에 와서는 서화는 일종 천기(賤技)라 하여 그다지 숭상하지 않았다. 그러나 조선조 오백 년을 통해 본 서화가의 수는 명수(名手)라 이름을 날린 이만 해도 무려 천 명에 가깝고, 그중에 그림을 그린 이가 또한 근 사백 명이나 된다. 사백 명 가운데는 혹은 화조(花鳥)만을 전공한 이도 있고 혹은 사군자만을 희롱한 이도 있고 하나, 대다수는 산수를 위주로 하였다 할 만큼 조선조의 선비들은 그림이라면 먼저 산수를 연상하게 되고, 화가라면 무엇보다 먼저 산석준법(山石皴法)부터 공부하여야 될 줄 알았다. 그러므로 조선조의 화가로서 산수화가를 손꼽자면 갑을을 불문하고 무비(無非)[1] 산수화가라 그 인

---

1) 그러하지 않은 것이 없이 모두.

선(人選)에 대단히 곤란할 지경이다. 그러나 우리들의 입에 항상 오르내리고 또한 그 전기로나 작풍으로나 가장 뛰어난 작가를 들어 잠깐 조선조 산수화가의 일면을 엿보기로 한다.

안견(安堅)은 거금(距今) 약 사백오십 년 전 사람으로 자를 가도(可度), 호를 현동자(玄洞子) 혹은 주경(朱耕)이라고도 하며, 도화서(圖畵署) 화원(畵員)으로 있었다. 성품이 총명하고 화재(畵才)가 비상하여, 곽희(郭熙)를 본받으면 곽희가 되고 이필(李弼)을 본뜨면 이필이 되고, 혹은 유융(劉融)이 되고 혹은 마원(馬遠)이 되고 하여, 제가(諸家)의 법을 배우면서 제가의 장처(長處)를 모아 절충하여 일가를 이루었는데 산수가 가장 장기였고, 세인이 안견의 화(畵) 한 폭을 얻으면 금옥(金玉)처럼 귀중히 여겼다 한다. 문헌에 기록된 것을 보면 〈청산백운도(靑山白雲圖)〉와 〈이사마산수도(李司馬山水圖)〉 등 일품이 있는 모양이나 지금 얻어 볼 수 없고, 오직 일본인 소노다(園田) 씨 소장인 〈몽유도원도(夢遊桃源圖)〉와 덕수궁박물관에 있는 전(傳) 안견 필(筆) 〈적벽도(赤壁圖)〉와 〈설경산수도(雪景山水圖)〉가 가장 귀중한 유작으로 남아 있다. 〈몽유도원도〉는 세종의 셋째아들인 안평대군(安平大君, 호는 匪懈堂(비해당))이 학예를 좋아하여 시문(詩文), 서화(書畵), 금슬지기(琴瑟之技)[2]에 이르기까지 능하지 않은 것이 없고, 특히 서(書)에 이르러서는 왕우군(王右軍), 조자앙(趙子昂)의 필법으로 그 이름이 천하에 떨쳤던 명필로서 항상 안견을 끔찍이 사랑하더니, 어느 날 안평대군이 꿈에 인수(仁叟, 朴彭年(박팽년))와 같이 도원을 구경하고 안견에게 명하여 꿈에 본 대로 그리게 한 그림이니, 천봉만학(千峯萬壑)이 좌우에 참치(參差)[3]하고 원근에 도림(桃林)이 구름과 같으며 그 사이로 흐르는 계곡과 굽이굽이 돌아간 산간석경(山間石徑) 등 전 화면에 기운이 생동하며 필의(筆意)가 창달(暢達)하고 더구나 구도가 웅대하여, 곽희, 이성(李成)을 배웠으되 오히려 청람(靑藍)이 상하를 다툴 만큼 희세의 명작이라 세인이 일컫는 것이다. 더구나 이 그림에는 안평대군 제발(題跋) 이하 당시의 석유(碩儒)[4]들인 박팽년, 성삼문, 김종서, 서거정 등 이십여 인의 발문이 적혀 있다.

안견 다음으로 강희안(姜希顔), 이상좌(李上佐) 등 쟁쟁한 화가들이 있었으나, 그보다는 뚝 떨어져 지금으로부터

---

2) 거문고와 비파를 연주하는 기예.
3) 길고 짧고 들쭉날쭉하여 가지런하지 아니함.
4) 뭇사람의 존경을 받는 이름난 유학자.

약 삼백오륙십 년 전 선조대왕(宣祖大王) 때에 난 유명한 화가 이정(李楨)을 말하기로 한다.

이정은 선조 11년 무인(戊寅, 1578)에 출생하고 성질이 게으르기 짝이 없어서 자호(自號)[5]하여 나옹(懶翁), 나와(懶窩)라 하였다. 그는 그의 증조부 때부터 조부(祖父), 부(父)에 이르기까지 모두 이름 높은 화가의 집안이었고 그의 숙부까지도 유명한 화가이었다.

일찍이 부모를 여의고 숙부 흥효(興孝)의 집에 의(依)하여 자라더니, 오 세 때 벌써 화재를 발휘하니 흥효가 기이히 여겨 가법(家法)으로써 가르치니 십 세에 이미 대성하였다. 산수에 가장 능하고 인물과 불화를 잘하여 십일 세 때 금강산에 들어가 장안사(長安寺)의 벽화 산수와 천왕제체(天王諸體)를 그렸다. 시(詩)·서(書)를 다 잘하였고 불법(佛法)에도 조예가 깊었으며, 소성(素性)이 활달하고 술을 즐겨하여 일일(一日)에 두주(斗酒)를 불사하더니, 술로써 병이 되어 삼십 세 되던 해 서경(평양)에서 객사하였다.

이정은 기록에 있는바 "爲人慵 不肯畵 故筆跡之傳於世者亦小(위인용 부긍화 고필적지전어세자역소)"[6]라 한 것과 같이

---

5) 스스로 자기의 호를 부르거나 지음.
6) 사람됨이 게을러 그림 그리기를 즐겨하지 않았고 세상에 전하는 필적이 적다.

그 작품으로 유전되어 오는 것이 극히 희소하나, 덕수궁 박물관에 소장된 몇 폭 산수도는 그의 풍모를 추측하여 오히려 남음이 있을 만큼 그의 뚜렷한 개성이 전폭에 창일(漲溢)[7]되고 있다. 더구나 이정의 개성은 대작보다도 소품에 더 강렬하게 비치고 있으니, 『고적도보(古蹟圖譜)』에 오른 〈의송망안도(倚松望雁圖)〉〈한강조주도(寒江釣舟圖)〉〈산수도(山水圖)〉 등을 보면 무질어진 붓끝으로 소호(小毫)의 용사(容赦)의 여지 없이 선획(線畵)과 점(點)과 발묵(潑墨)으로써 혹은 산이 되고 혹은 옥목(屋木)이 되며 혹은 수엽(樹葉)이 되어, 근자(近者)는 창울(蒼鬱)하고 원자(遠者)는 표묘(縹緲)[8]하되 또한 그 가운데 호리(毫厘)[9]만한 시기속취(市氣俗趣)가 없으며 여운이 넘치는 작품으로, 법을 배웠으되 오히려 법을 이탈하여 소위 전인미답(前人未踏)의 세계를 자유로 독보하였으니, 진실로 이정은 전부득문(前不得聞)하고 후부득견(後不得見)할 화경(畵境)에서 독왕독래(獨往獨來)한 사람이라 하겠다.

인품을 보아 그 작품의 어떠할 것을 알 수 있고, 작품을

---

7) 의욕이 왕성하게 일어남.
8) 끝없이 넓거나 멀어서 있는지 없는지 알 수 없을 만큼 어렴풋함.
9) 지극히 적은 것.

보아 그 인품의 고하를 짐작할 수 있는 것은 동서고금의 일반적인 통칙이어니와, 이정의 그림을 보고 이정의 전기를 읽으매 족히 이 말의 헛되지 않음을 알겠다. 왈(曰)

…上略(상략)… 雖貧困寄食於人(수빈곤기식어인), 非義則一個不取(비의칙일개부취), 心有所不合(심유소부합), 雖權貴薰天者(수권귀훈천자), 不屑而去之若逸(부설이거지약일) …中略(중략)… 好施與(호시여), 値寒者(치한자), 解衣衣之(해의의지), 俗子訾以爲愚而不之恤也(속자자이위우이부지휼야), 嘗有勸相招令畵(상유권상초영화), 具絹素(구견소), 饋以酒(궤이주), 楨佯醉倒(정양취도), 良久而起(양구이기), 畵一幅(화일폭), 作高門(작고문), 二牛駄貨物而二人驅入狀(이우타화물이이인구입상), 投筆去(투필거), 相怒慾殺之(상노욕살지), 逃至西都(도지서도), 愛其佳麗不忍去(애기가여부인거), 竟卒於此(경졸어차), …下略(하략)…

이것은 이정의 기록 중에서도 가장 재미있는 대문이니, 이 글을 보면 그가 비록 게으르고 가난한 사람일지언정 의(義)에 이르러서는 무섭기가 칼날 같은 사람임을 알겠고, 추위에 떨고 있는 자를 볼 때는 입은 옷을 그대로 벗어주었다니, 아무리한 권력의 앞에서도 자기의 성깔을 굽힐 줄 모르는 꼬챙이 같은 성격이나, 그 반면에는 부드럽기 풋솜과 같은 인도심(人道心)이 가득 찬 것을 엿볼 수 있다.

우리는 조선조의 회화사를 통하여, 혹은 인재(仁齋)라, 혹은 겸재(謙齋), 현재(玄齋)라, 혹은 단원(檀園)이라 오원(吾園)이라 하여 기간(其間)에 거벽(巨擘)이 배출하였으나, 대기(大器)와 소기(小器)의 구별은 있다 치더라도 이정의 그림만큼 여운이 넘치는 작품을 못 보았고, 필력에 있어 이정만큼 간경(簡勁)하고, 화재(畵才)에 있어 이정만큼 발랄한 천재는 드물었으리라고 믿는다.

가인재자(佳人才子)[10]에 박명한 이가 많다 하거니와, 연(年) 불과 삼십에 요사(夭死)한 이정의 작품이 어느 작가의 것보다 발군(拔群)하게 완성된 것을 보면, 이정은 확실히 조선조 화계(畵界)의 빛나는 한 천재일 것이다.

다음으로 인조(仁祖) 때 사람으로 연담(蓮潭) 김명국(金明國)이 위인(爲人)이 소방(疎放)하여 해학을 즐겨하고, 기주(嗜酒)[11]하여 능히 일음수두(一飮數斗)[12]하였으며, 필력이 창경

---

10) 아름다운 여자와 재능 있는 젊은이.
11) 술을 즐기고 좋아함.
12) 능히 한번에 두어 말의 술을 마심.

(蒼勁)하여 가관(可觀)할 점이 있으나, 이보다도 우리가 더욱 친한 작가로서 겸재 정선(鄭敾)과 현재 심사정(沈師正)을 찾아보기로 한다.

정선은 숙종(肅宗) 2년(1676) 병진(丙辰)에 출생하여 영조(英祖) 35년(1759) 기묘(己卯)에 졸(卒)하니 졸년이 아흔넷이라 이만큼 장수한 화가도 드물 것이다.

자를 원백(元伯), 호를 겸재 혹은 난곡(蘭谷)이라 하며, 금강산 많이 그리기와 잘 그리기로 유명하다. 겸재는 조선조의 어느 화가들보다 응물상형(應物象形), 즉 사생하기에 힘쓴 작가이며 또한 조선화풍 창시자이니, 강세황(姜世晃) 제발(題跋)[13]에 "鄭謙齋最善東國眞景(정겸재최선동국진경)"[14] 운운한 것을 보든지, "中國人入我境者(중국인입아경자) 見山川曰(견산천왈) 始知鄭筆之爲神也(시지정필지위신야)"[15]라 한 것을 보든지, 또는 우리가 흔히 보는 겸재 산수의 그 독특한 준법을 보든지, 과연 그가 명가의 각체를 본받음이 없이 오로지 사생에 의하여 자성일가(自成一家)하였다는 점을

---

13) 제사(題辭)와 발문(跋文).
14) 정겸재는 동국 진경을 가장 잘 그렸다.
15) 중국인이 우리나라 산천을 구경하고 말하기를 '정겸재 그림의 신필을 알겠다'고 하였다.

발견할 수 있다. 겸재의 준법은 완전한 그의 창작적인 것으로, 서희(徐熙)에게서도 유송년(劉松年)에게서도 혹은 마원(馬遠)이나 하규(夏珪)나 그 어느 작가의 준법에서도 찾을 수 없는, 오직 정선의 독특한 준법이라 하겠다. 다소 난시준(亂柴皴)[16]에 가까우나 그보다도 더 평행 수직선의 준법을 쓰되 명암향배(明暗向背)[17]의 묘체(妙諦)를 얻은 작가다.

겸재의 화풍의 특징은 누구보다 뛰어나게 화보식(畵譜式)인 법규를 초탈한 곳에 있으며, 누구보다 예리하게 조선 사람의 성질을 필단(筆端)으로 나타나게 한 곳에 있다 할 것이니, 그가 가장 득의(得意)로 하는 소나무를 보면 우리의 성격이 한 개 한 개 소나무를 통하여 여실히 엿보이고 있음을 알 것이다.

그의 화풍의 특질은 구도의 웅대함과 묵색의 창윤(蒼潤)[18]함에 있으니, 현존한 작품 중에 그 대표적 걸작이라 할 만한 것은 덕수궁박물관 소장의 〈여산폭포도(廬山瀑布圖)〉일 것이다. 동양화로서 그 묵색의 창윤함이 이 그림에 비길 작품을 보지 못하였고, 구도의 웅대 장엄함이 이 그

---

16) 산수화를 그릴 때 사용하는 자유분방한 준법.
17) 어둡고 밝은 부분과 앞과 뒤.
18) 푸르고 물기가 촉촉함.

림만한 것을 보지 못하였다.

겸재의 다음으로 유명한 화가 심사정은 자를 이숙(頤叔), 호를 현재(玄齋)라 하며, 숙종 33년(1707) 정해(丁亥)에 출생하고 육십삼 세에 졸(卒)하였다. 그의 작품의 범위를 보면 산수, 인물, 영모(翎毛), 화훼, 초충(草蟲) 등 각체가 구장(俱長)하였으나 특히 산수 잘하기로 이름을 날렸다.

그는 처음 겸재 정선에게 사사하여 수묵 산수를 배웠으나, 점차 고인의 명적(名蹟)을 깊이 연구하여 동국(東國) 화가의 산만한 결구(結構)와 무잡(蕪雜)한 낙관(落款)에 소호(小毫)의 관심을 갖지 않는 누폐(陋弊)[19]를 일소(一掃)하고 능히 대성한 경지에 이르렀는데, 그가 이렇게까지 대성하기에는 그의 오십여 년의 화생활(畵生活)을 통하여 갖은 고난과 빈고, 오욕을 무릅쓰고 하루 한시도 화필을 잡지 않은 날이 없었음에 있다 할 것이다. 그가 서거하였을 때는 빈핍(貧乏)이 극하여 장비(葬費)[20] 한푼 가산(家産)으로 남은 것이 없었다.

이처럼 불우한 생활에서 한평생 고생한 그이였으나 회화에 대한 탐구와 정열은 실로 놀랄 만한 것이었는데, 강

---

19) 나쁜 풍습.
20) 장례 치를 비용.

표암(姜豹菴)의 현재(玄齋) 제발(題跋)에 보면, 그는 심석전(沈石田)을 배워서 처음 피마준(披麻皴)을 공부하고 차츰 미불(米芾) 부자(父子)의 대혼점(大混點)으로, 중년에는 대부벽준(大斧劈皴)을 공부하였다 하며, 그의 탐구의 경로를 피쇄(披灑)[21]하고 또한 그는 겸재에 사사하였으나 호매임리(豪邁淋漓)[22]한 점은 겸재에 불급(不及)하겠지만 경건아일(勁健雅逸)[23]한 편은 훨씬 겸재를 뛰어난다고 말하였다.

요즈음도 우리가 가끔 구경할 수 있는 현재의 진적(眞跡)을 보면, 대·소폭을 막론하고 그 교묘한 결구와 방일경건(放逸勁健)[24]한 필력과 각체의 화법이 모두 어느 화가보다도 뛰어난 것을 보아, 현재의 자랑은 조선왕조만의 자랑이 아니요 조선의 자랑이라 할 만하다.

현재의 다음으로 영조조(英祖朝)의 유명한 산수화가요 그 기벽(奇癖)이 이정과 유사한, 역시 요사한 천재 화가로 호생관(毫生館) 최북(崔北)을 말하고 싶으나, 최북은 후일 고(稿)를 다시 하여 음미해보고 싶은 화가이므로 이에 약

---

21) 펼치고 나누어서 드러냄.
22) 성격이 호탕하고 인품이 뛰어나며 그림, 글씨 등에 힘이 넘침.
23) 그림이나 글씨의 필세가 힘차고 빼어남.
24) 거리낌없이 자유로우면서 굳세고 힘참.

(略)하여, 끝으로 역시 영조조(英祖朝)의 이름 높은 산수화가로 유춘(有春) 이인문(李寅文)을 말함으로써 이 고(稿)를 막으려 한다.

이인문은 호를 유춘, 혹은 고송유수관도인(古松流水舘道人)이라 하며, 칠십칠 세까지 장수한 이다. 그의 화제평(畵題評)을 보면, "渴筆寫山(갈필사산) 潑墨點樹(발묵점수) 得明暗向背之妙諦(득명암향배지묘체)"[25]라 하여, 극히 짧은 말이로되 유춘의 화경을 단적으로 관파(觀破)한 평이다.

『금릉집(金陵集)』이란 책에,

李生貌癯心亦奇(이생모구심역기)
이생(李生)은 수척한 체구에 마음 또한 기이하여
巾笠弊落不遇時(건립폐낙부우시)
해진 초립 쓰고 다니는 불우한 신세지만
雙眸炯炯老不枯(쌍모형형노부고)
두 눈은 밝게 빛나 늙어서도 마르지 않아서
畵不人師造化師(화부인사조화사)
그림은 남을 본받지 않고 조화옹을 본받았네

---

25) 갈필(渴筆)로 산을 그리고 발묵(潑墨)으로 나무를 그려 명암향배의 묘체를 얻었다.

라 한 것을 보든지, 그의 호가 '고송유수관도인'이란 것을 보든지 하여 족히 그의 기골 풍채와 위인의 탈속한 것을 짐작할 수 있겠다. 그러나 그보다도 더 그의 성격을 웅변으로 말해주는 것은 그의 독특한 화풍일 것이니, 유춘의 그림만큼 소름이 쪽쪽 끼칠 만치 강철 같은 무서운 필력은 다른 그림에서 일찍이 얻어 보지 못한 바다.

그의 필법이 역시 다른 어느 작가에게서도 얻어 보기 어려운 독자(獨自)의 경지를 지니고 있으며, 혹 예운림(倪雲林)[26]에 방불한 점도 보이나 그러나 예운림에서 보는 측필(側筆)이 아니요 어디까지 정봉(正鋒)으로써 그야말로 천랑기청(天朗氣晴)[27]하고 필량연정(筆良硯精)[28]한 데 단아히 앉아 한 개 한 개 선획을 그려 나아간 곳에 사(邪)로써 도저히 범하지 못할 무서운 기개와 명암향배(원근·농담·심천·대비 등의 해조(諧調))의 묘체를 얻은 신필(神筆)이 전개되는 것이다.

지금 간혹 고송유수관의 소품들이 항간에 산재하나 금고(今古)의 인사로서 애화가(愛畵家)치고 그의 화격의 높음

---

26) 원나라의 화가 겸 시인. 자는 원진(元鎭). 호는 운림(雲林).
27) 하늘이 밝고 대기가 맑음.
28) 붓이 좋고 벼루가 정갈함.

을 찬앙(讚仰)하지 않는 이가 없다.

덕수궁박물관 소장의 〈강산무진도(江山無盡圖)〉는 근 삼십 척의 길이를 가진 횡축대작(橫軸大作)이면서도 심원한 화면과 변화무궁한 구상과 세밀한 필치와 단아한 설채(設彩)[29]와 고매한 화격은 실로 이 작품으로 하여금 천고불변(千古不變)할 국보적 지위를 갖게 하는 일품이라 하여 과언이 아닐 것이다.

---

29) 먹으로 바탕을 그린 다음 색을 칠함.

崔北과 林熙之
최북과 임희지

 예술가에 두 가지 타입이 있으니, 하나는 생활을 통해 예술을 찾는 자요 다른 하나는 예술이 곧 생활 될 수 있는 자다.

 다 같이 정열을 토대로 함에는 다름이 없을 것이나, 전자는 보다 더 이성적이요 후자는 보다 더 감성적이라 할 수 있다.

 생활을 통해 예술을 찾는 자는 고고한 예술을 산출하기 위하여 그의 생활이 점점 더 힘과 빛을 얻을 것이요, 예술이 곧 생활 되는 자는 생활이 예술의 범위를 떠날 수 없으므로 행동이 곧 예술 되는 것이다.

 후자에 비하여 전자는 대기적(大器的)인 수확이 있기는 하나 후자에서와 같은 가장 예술적이요 높은 방향(芳香)을 가진달 수는 도저히 없는 것이다.

아래 말하려 하는 호생관(毫生舘) 최북(崔北)과 수월도인(水月道人) 임희지(林熙之)는 후자에 속하는 향기 높은 화가들이다.

최북은 세인이 그 족계(族系)와 관현(貫縣)[1]이 어디인지도 알지 못하였으므로 그의 생년이 어느 때인지 모호함은 물론이다. 대략 숙종(肅宗) 경자년(庚子年, 1720) 전후인 듯하다는 것이다. 그는 초명(初名)을 식(埴)이라 하였고 자를 성기(聖器) 또는 유용(有用)이라 하였으나, 후에 개명하여 이름을 북(北)이라 하였고 자는 칠칠(七七)이라 하였으니, 칠칠이라 함은 북(北) 자를 좌우로 파자(破字)하여 이른 것이다.

졸년(卒年)이 공교롭게도 사십구 세였으므로, 세상에서는 그 자(字)가 칠칠인 것으로 비추어 그를 선지(先知)의 힘이 있는 이라고 전하기도 한다.

호는 성재(星齋), 기암(箕庵), 거기재(居其齋), 삼기재(三奇齋) 등이라 하고, 후년에는 호생관이라 하였으니 붓끝으로 먹고 산다는 뜻을 취함이다.

자로부터 호에 이르기까지 이렇게 기벽(奇癖)을 가진 것

---

[1] 본관.

을 보면 그가 얼마나 기괴한 인물이란 것을 알 것이다.

네덜란드의 화가 반 고흐의 일화를 듣고 놀란 이라면 지금 최북의 많은 일화에서는 더 한층 놀라지 않을 수 없을 것을 나는 믿는다.

최북은 언제든지 유리 안경을 끼고 다닌 애꾸였다. 일찍이 권세 있는 사람이 북에게 그림을 청하였을 때 응하지 아니하니, 그가 세도(勢道)로써 협박하므로 북이 대노하여 "내 몸은 오직 나만이 마음대로 할 수 있다" 하고 눈을 찔러 한 편이 멀게 된 까닭이었다.

술을 즐겨 하여 음주하는 양이 매일 대여섯 병이 넘으니 시중에 있는 술장수란 술장수는 모조리 최북의 집으로 몰려왔고 세인은 그를 주광(酒狂)이라 하였다.

한번은 금강산을 유람할 제, 구룡연(九龍淵)에서 극음대취(劇飮大醉)하여서 혹곡혹소(或哭或笑)[2]하다가 소리를 높여 부르짖기를, 천하명인 최북이가 천하명산 금강산에서 안 죽는다니 말이 되느냐고 외치고 불현 듯 몸을 날려 시퍼런 못물 속으로 뛰어드니, 이때에 마침 동반한 친구가 붙들어주지 않았던들 그는 구룡연 중의 고혼(孤魂)이 되었을

---

2) 혹은 울면서 혹은 웃기도 함.

것이다.

 천성이 이렇듯 술 마시기와 놀기를 즐겨 하니 가산(家産)이 점점 궁색하지 않을 수 없는지라, 빈곤이 극도에 달하매 행장을 수습하고 북으론 평양까지 동으론 동래(東萊)까지, 크다는 도시는 샅샅이 들르니 가는 곳마다 그림을 받고자 하는 사람이 연락부절(連絡不絶)하였다 한다.

 그의 열풍처럼 무서운 성격은 어떠한 빈고와 아무리한 권력에도 굽힐 줄을 몰랐으니, 한번은 서평공자(西平公子)와 내기 바둑을 희롱하다가 기세가 북에게 유리하게 전개될 즈음에 서평이 실수한 한 수를 무르려 하니 북은 단번에 흑백을 흐트려버리고 "바둑이란 본래 장난인 것을 한 수 한 수 무르기 시작하면 끝날 날이 어찌 있소" 하고 그 후로는 평생 서평과 기(棋)[3]를 희롱하지 않았다.

 어느 때는 어떤 귀인의 집을 찾을 제 하인 놈이 주인께 누구인지 말하기 어려워서 덮어놓고 최 직장(直長)이 왔소 하는 것을 듣고 북이 노하여, 이놈아 최 정승(政丞)이 오셨다 하지 않고 직장이란 무어냐 하니, 하인 놈이 껄껄 웃으며 정승을 언제 하셨습니까 하였다. 북은 글쎄 이놈아 그

---

3) 바둑.

럼 내가 언제 직장을 했단 말이냐. 이왕 헛이름을 댈 바에야 왜 높직이 못 대느냐 하고 훨훨 가버렸다.

그는 최산수(崔山水)란 이름을 들은 만큼 산수에 능하였고, 그 외에도 화초, 초충, 괴석, 영모에 모두 초속(超俗)한 필법을 가졌다. 그는 산수를 구하는 사람이 있으면 흔히 산은 그리되 물을 그리지 아니하니 그 연고를 물으매, 종이 밖에는 모두 물이 아닌가 하고 해학(諧謔)하는 것이었다.

그는 자기의 득의작(得意作)으로 생각되는 그림에 대하여 예(禮)가 박할 때는 두말없이 그림을 찢어버리었으나, 그 반면으로 변변치 못한 그림을 그려 받고 좋아라고 후히 대접하는 이가 있으면 도리어 그 사람의 뺨을 치고 "그림 값도 모르는 되지 못한 놈이로군" 하고 가가대소(呵呵大笑)하면서 받은 돈을 도로 지워 내쫓는 것이었다.

그의 성격이 이처럼 호방하여 소절(小節)[4]에 구니(拘泥)[5] 되지 않고 야성적이기 때문에 세인은 그를 미친 환쟁이라 혹은 주광이라 하여 욕하였지만, 그는 이렇게 외면으로는 농조로 세상을 대하는 듯하였으나 그 심저에는 무섭기 칼날 같은 진실됨과 비판의 힘이 언제든지 숨어 있

---

4) 대수롭지 않은 예절.
5) 어떤 일에 필요 이상으로 마음을 쓰거나 얽매임.

었다.

그림 밖에 또 기고(奇古)한 시를 지었고, 평생에 『서상기(西廂記)』와 『수호전(水滸傳)』을 애독하였다. 유작으로 남은 것은 많지 않으나 현재 덕수궁박물관에 있는 수묵 산수는 비교적 대작이요 묵색의 임리(淋漓)[6]함이 그의 성격을 방불하게 하는 것이 있다. 국립박물관에 진열된 〈화조도(花鳥圖)〉와 손재형(孫在馨) 씨 소장의 〈금강산전도(金剛山全圖)〉, 함석태(咸錫泰) 씨 소장의 〈금강산선면(金剛山扇面)〉 등을 보면, 비록 필력의 세련된 점은 다른 작가에 미치지 못한다 할지라도 필세가 대담하며 자유분방하여 그 저류에는 조그만 구애도 아첨도 보이지 않는, 치졸하되 패기가 용솟음치고 있는 기개를 느낄 수 있다.

최북은 실로 거(去俗)된 화가였다.

崔北賣畵長安中(최북매화장안중)
최북이 서울에서 그림을 파는데
生涯草屋四壁空(생애초옥사벽공)
살림살이란 오막살이에 네 벽은 텅 비었네

---

[6] 그림과 글씨 등에 힘이 넘치는 모양.

閉門終日畫山水(폐문종일화산수)

방문을 걸어 닫고 앉아 종일토록 산수화를 그려대네

琉璃眼鏡本筆筒(유리안경본필용)

유리 안경과 나무 필통뿐이구나.

朝賣一幅得朝飯(조매일폭득조반)

아침에 한 폭 팔아 아침밥 얻어먹고

暮買一幅得暮飯(모매일폭득모반)

저녁에 한 폭 팔아 저녁밥 얻어먹고

天寒坐客破氈上(천한좌객파전상)

찬 겨울날 떨어진 방석 위에 손님을 앉혀놓고

門前小橋雪三寸(문전소교설삼촌)

문 밖 조그만 다리엔 눈이 세 치나 쌓였구나

이라 함이 최북을 두고 어디서 또 구할 시이랴.

최북의 뒤로 약 사십여 년을 격하여 또 한 사람의 정열의 화가가 있으니 그는 수월도인(水月道人) 임희지였다.

지금으로부터 175년 전, 영조 41년(1765) 을유(乙酉)에 출생했고, 자호(自號)하여 수월도인이라 하였다.

성미가 청렴하고 강개(慷慨)한 기절(氣節)이 있으며, 삼각

수염에 신장이 팔 척이나 되는 끼끗한 선비였다.

술을 대하면 주야를 구별하지 못하여 이삼 일씩 취하는 것은 항다반사였다. 난(蘭竹)을 전문(專門)하였으나 죽(竹)은 표암 강세황과 비견하며 난(蘭)은 훨씬 표암을 능가하였다. 그 필법은 그의 청렴 강직한 기개와 같이 유아(幽雅)함이 구석구석에 창일(漲溢)하고 있다.

그는 화법이 또한 기괴하여 그의 기록한 수월(水月) 두 자는 인간 세상의 글자 같지 않을 만큼 자획이 기고(奇古)하였다.

서화 이외에 음율(音律)을 잘하여 생황과 거문고를 벗을 삼았고, 집이 가난하여 세간이라고 이를 만한 것이 없으나 오직 금(琴), 경(鏡), 검(劍), 연(硏)과 고옥(古玉)으로 만든 필가(筆架, 붓걸이) 하나가 유일한 가장집물(家藏什物)이었다. 장서(藏書)로는 오직 『진서(晉書)』 한 부가 그의 서가를 장식하였을 뿐이요, 집이라고는 수연두옥(數椽斗屋)[7]을 면하지 못하였고, 뜰이 없으매 화초 한 포기 변변히 심을 공지(空地)가 없었으나 반 묘(畝)[8]가 될락말락 남은 극지(隙地)에다 두어 자 평방 되리 만한 못(池)을 파고 못 물이 없으매

---

7) 두서너 칸밖에 안 되는 작은 집.
8) 땅 넓이의 단위로 30평.

쌀뜨물을 붓고 그 물 흐르는 소리에 응하여 지반(池畔)[9]에서 피리를 불며 노래를 부르고 "내가 수월(水月)을 저버리지 않거늘 달이 어찌 물을 골라 비추일까 보냐" 하는 것이었다.

그의 풍류가 이러하고 호방함이 이 같았으니 그 위인이 얼마나 탈속함을 짐작할 수 있다.

한번은 배를 타고 교동(喬洞)이란 곳을 가는 때이었다.

중류에 다다랐을 때 홀연히 폭풍우를 만나서 배는 이리 기우뚱 저리 기우뚱하여 도저히 살아날 희망은 없고, 배를 탄 여러 사람들은 혼비백산하여 수중 고혼(孤魂)이 될 바에야 죽어 극락에나 가리라고 모두 나무아미타불을 불러 염불을 하였다.

이때에 수월은 홀연히 소리쳐 웃으면서 검은 구름 사이로 흰 물결이 우레같이 쏟아지는 가운데서 일어나 너풀너풀 춤을 추는 것이었다.

이렇게 얼마를 지나 천행으로 폭풍이 잠자고 물결은 다시 고요해졌을 때 주중(舟中)의 사람들이 희지의 행동을 해괴히 여겨 물었더니 수월은 흔연히 대답하기를 "여

---

9) 연못의 가장자리.

보, 죽음이란 언제든지 있는 것이 아니요. 그러나 해중(海中)의 그 기절장절(奇絕壯絕)한 경치는 어디서 얻어 보겠소. 그런 기경(奇景)을 보고 어찌 춤을 추지 않고 견디겠소" 하였다 한다. 또 어느 때는 거위털(鵝毛)로 옷을 만들어 입고 쌍상투를 쪽찌고 맨발로 달 밝은 밤에 대로상(大路上)을 흥겨워 피리를 불며 돌아다니면 보는 사람마다 귀신으로 알고 사람 살리라고 소리를 치며 도망을 갔다 한다.

  수월은 이와 유사한 행동이 비일비재라 광탄(狂誕)함이 이러하였으나, 그러나 세정에 물들지 않고 술과 농(弄)으로 한 세상을 지내며, 오직 그의 호소하고 싶은 감정은 그것을 필묵에 맡겨버리고 만 것이다.

  예술가와 세인과의 현격한 차이는 요컨대 예술가는 성격의 솔직한 표현이 그대로 행동 되는 것이요, 세인의 상정(常情)은 성격이 곧 행동 될 수 없는 곳에 있다.

  예술가가 예술작품을 창작할 수 있는 능력은 이 솔직한 성격의 고백이 가능하기 때문이다.

吾園 軼事
오원 일사[1]

오원(吾園)의 그림을 처음으로 본 것은 십여 년 전 내가 서양화를 공부하는 학도이었을 때 친구들의 동반으로써 대구서 한 이십 리쯤 떨어진 월촌(月村)이란 동리(洞里)의 모 부호가(富豪家)에서였다.

그것은 십 절(折)로 된 기명절지병(器皿折枝屛)이었는데, 나는 그때 사실 동양화란 어떠한 그림인 것까지도 모를 때라 반분(半分) 이상의 모멸(侮蔑)을 가지고서도 다만 그가 조선의 유명한 화가였고, 또 오원 장승업(張承業)은 일자무식의 화가로서 어느 작품을 막론하고 그 자필의 낙관이 별로 없다는 말을 그때 누구한테선지 들은지라, 반 이하는 그에 대한 호기심을 가지고서 본 것이었다.

---
1) 기록되지 않아서 세상에 알려지지 않은 사실.

그러나 작품을 보고 나서 나는 그때까지 가졌던 자부심을 일조에 꺾는 수밖에 없었다. 선과 필세(筆勢)에 대한 감상안을 갖지 못한 나로서도 오원화(吾園畵)의 일격에 여지없이 고꾸라지고 말았다.

사측면(斜側面)으로 바라보는 항아리의 입을 방정(方正)한 타원을 그린다기보다 극단으로 삼각을 그려버린 그 대담한 패기와, 그런가 하면 반면으로는 해부해놓은 고기의 무섭게 치밀한 사실력 등을 보고서는 놀라지 않을 수 없었다.

그 후 늘 나는 그 병풍화와 오원 장승업이란 이름을 잊을 수 없었던 것인데, 이번에 또 내가 한두 분에게 들은 이야기만으로써 오원에 관한 이야기를 쓴다는 것은 너무나 경박하다고도 생각된다. 그러나 오원을 논하고 그의 전기를 쓸 사람은, 후일 그에 관한 진지한 연구가가 나타날 것으로 믿고 나는 오직 그를 추모하는 나머지 지금 이 일문(一文)을 적는 데 불과하다.

지금으로부터 근 육십 년 전, 그때는 한국 말엽의 공기가 임오군란의 태풍이 지나간 뒤 삼 년이 멀다 하고 연거푸 갑신정변이 뒤를 따르는 소란스런 세대였다.

어느 몹시 추운 날 종로 탑골공원 맞은편 나직나직한

기와집이 나란히 붙어 선 좁다란 골목을 들어서서 관수동(觀水洞) 천변(川邊)을 끼고 푸른 벽돌을 한 일자로 쪽 박아서 싼 기와집을 남으로 한두 고피[2] 꼬부라지면서 둘째 번인가 셋째 번인가 한 낡은 대문 집을 향하고 발을 옮겨 놓는, 나이나 사십여 세쯤 되어 보이는, 보기에 대단히 호기스러운 선비가 있었으니 그가 곧 오원 장승업이었다. 그는 얼굴 모습이 약간 기름한데다가 조선 사람에게서는 좀처럼 볼 수 없는 노오란 동공(瞳孔)을 가진 것과, 주독(酒毒)인 때문인지 코끝이 좀 불그스레하고 우뚝한 코밑에는 까무잡잡한 수염이 우스꽝스레 붙은 것이 특색이었다. 그다지 잘생긴 얼굴은 아니었으나 어디인지 모르게 맑고 동탁한 빛이 떠오르는 듯하여 멀리서 보아서도 그가 서기(瑞氣)[3] 도는 사람처럼 훤해 보인다는 것이 더 한층 큰 특색이었다. 짱짱한 대낮인데도 불구하고 거나하게 술이 취하여 세상사가 어찌 되든 나에게는 언제든지 청풍과 명월이 있다는 듯 소방한 걸음걸이로 발을 옮겨놓는 것도 보는 사람의 흥미를 끌거니와, 그보다도 그는 취월(翠月, 청록에 가까운 빛) 창의(氅衣)를 입었다는 것이 더욱 이채

---

2) 모퉁이.
3) 상서로운 기운.

이었다.

일찍이 오스카 와일드는 새빨간 양복을 입고 런던 거리를 산보하였다는 것과 같이 오원도 파아란 창의를 입은 것이 그의 취미였던 것이다.

장승업은 지금으로부터 구십칠 년 전 헌종(憲宗) 9년 계묘(癸卯, 1843)에 났다. 그의 출생지가 경기도 광주라고 전하는 이도 있고 혹은 황해도 모처(某處)라고 하는 이도 있어서 아직 적확한 출생지를 알 수 없다. 그가 다만 대원 장씨(大元 張氏, 德水 張氏인 듯)였다는 것과 『일사유사(逸士遺事)』에 의하여 그의 가문이 무반(武班)[4]이었다는 것, 그리고 일찍이 부모를 여의고 집안이 심히 빈한하여 의탁할 곳이 없으매 연소할 때 벌써 경성에 표박(漂泊)해 왔다는 것 등을 알 뿐이다. 경성에 와서는 혹은 모 한약국에서 심부름을 하였다는 말도 있고, 수표정(水標町) 이응헌(李應憲) 가(家)에 기식하였다는 말도 있으며, 혹은 변원규(卞元奎) 가에서 고용살이를 했다는 말도 있다.

그는 어릴 때부터 천애에 의탁할 곳 없는 고아로 취학할 기회를 얻지 못했다. 『서화징(書畵徵)』에 "自幼不解文字

---

4) 무신(武臣)의 반열.

(자유불해문자), **然博覽名人眞蹟**(연박람명인진적), **亦能强記**(역능강기)"[5]라 한 것을 보면, 그는 일자무식이면서도 변원규, 이응헌 등 가(家)로 유(留)할 동안에 옛날 명서화(名書畵)를 많이 보고, 또 한두 번 본 것은 꼭 그의 뇌리에 깊이 새겨져서 자기의 화경(畵境)을 개척하여 주었으니, 그의 타고난 천재가 걷잡을 수 없이 터져 나온 것은 결코 이상한 일도 우연한 일도 아닐 것이다.

대개 천재란 환경의 불리와 수학(修學)의 유무를 불문하고 결국 그의 타고난 역량을 모조리 발휘하고야 마는 것이니, 우리의 화가—조선조의 화인전(畵人傳)을 끝막이하는 천재 장승업도 결국 이러한 자연 생장적 천재의 범주에 속할 수 있는 인물인 것이다.

그는 일찍이 단 한 자도 글을 배운 적이 없었으나 능히 자기가 보고 싶은 책의 뜻을 이해하였으며, 단 한번도 채관(彩管)을 들어 화법을 연구한 적이 없었으나 유숙한 집에 있는 원(元), 명(明) 이래의 명인의 서화를 항상 구경한 것뿐으로서 한번 채관을 잡아 휘쇄(揮灑)[6]하매 범재(凡才) 십

---

5) 어릴 적부터 글을 이해하지 못하였으나 명가의 진적을 널리 보았기 때문에 기억을 잘하였다.
6) 붓을 휘둘러 그림이나 글씨를 쓰는 것.

년의 습득으로써 얻은 이상의 필세로써 산수, 인물, 매란, 죽석, 영모가 신운(神韻)이 표일(飄逸)하게 그려지는 것이다.

조선조의 회화사를 통하여 특기할 만한 큰 천재는 중엽 이전은 잠깐 덮어두고 중엽 이후로 보면, 영조(英祖)조에 고일(高逸)한 화가들이 족출(簇出)한 가운데 특히 발군한 천재는 단원 김홍도일 것이요, 단원이 간 뒤로는 명화가가 많았으나 특기할 만한 작가가 없고 차츰 기울어지는 국운과 함께 화계도 지지부진하는 형편에 있었다.

오원 장승업을 전후한 우리가 흔히 듣는 화가로서는 소당(小塘), 희원(希園), 소치(小癡), 일호(一壕), 북산(北山), 고람(古藍), 몽인(夢人), 임당(琳塘), 소림(小琳) 등 제가(諸家)가 오직 당대의 화계를 지도하는 중견들이었다. 이때에 오원이 웅혼(雄渾)한 화풍으로써 혜성과 같이 나타난 것이다.

그는 변원규 가에 유할 동안에 원, 명 이래의 중국의 명화를 특히 많이 보았고 명가의 필법에 대한 치밀한 연구를 게을리하지 않았다. 그의 필법은 조선 화가의 통벽(通癖)[7]인 고루협애(固陋狹隘)[8]한 곳이 없고 규모가 웅대하며 대담 솔직하거나 혹은 그 반면으로 고요한 선율(旋律)을

---

7) 일반적인 경향.
8) 고루하고 편협함.

듣는 듯 우미(優美)한 작품도 있다.

그는 화가들의 호에 원(園) 자가 많은 것을 보고 나도 원 자를 붙여보자 하여 스스로 오원(吾園)이라 하였고, 한번 화명(畵名)이 날리매 그림을 받으러 오는 사람이 조석(朝夕)으로 성시(成市)하다시피 하였다.

술을 즐겨 하기에 밤낮을 가리지 아니하나, 그러나 폭음하는 법이 없고 또한 폭음하지 않는 반면으로 깨는 날도 없으니, 일 년 하면 열두 달에 어느 날이 취하지 않은 날이 없을 만큼 소맷자락에 늘 술병을 넣고 다니면서 거리를 가다가도 술이 깰 만하면 남의 집 추녀 밑에 들어서서라도 한두 모금 쭉 들이키고 가는 것이었다.

더구나 그림을 그릴 동안은 반드시 술이 옆에 놓여야 하고, 술이 놓였으면 반드시 미인이 그 옆에 있어야 하는 법이었다.

그가 어느 때 어떤 부인과 결혼을 하고 어느 정도로 가정을 이루었는지는 아직 미상하나, 설령 가정이 있었다 치더라도 그는 결코 가정에 매일 인물이 아니었다.

그에게는 가정도 돈도 아무런 필요를 느낄 수 없었다. 오직 여색(女色)과 미주(美酒)와 그림뿐이 그의 유일한 벗이었다. 때때로 그림으로 하여 얻은 돈은 얼마가 되든지 불계(不計)[9]하고 그것을 술집에 맡겨두고 날마다 가면 오면 먹는 것인데, 그러는 동안에 맡긴 돈이 다 없어지고 주파(酒婆)가 돈이 다 됐노라 하면 그는 내가 돈을 알 필요가 있느냐, 술이나 먹여주면 그만이 아니냐 하는 것이었다.

그는 성격이 극히 소방(疎放)하여 그림을 그리되 그림에 붙들리는 법이 없었다. 작품의 성과에 반드시 기대를 가지는 법이 없었다. 그러므로 그는 무수한 그림을 그렸으나 휘호(揮毫) 도중에 미완성인 채 집어치우는 수도 많았고, 어느 한구석이 잘못되었다 하여 그것을 계념(繫念)하고 다시 붓질을 대는 법도 없었다.

말(馬)을 그리다가 다리 하나를 잊고 안 그려진 일이 있을지라도 무관심하였고, 남의 청으로 꽃을 그리다가 도중에 무슨 일로 자리를 떠나게 될 때면 꽃과 줄기만 그린 채 잎을 그려야 할 것은 그 후 영영 잊어버리고 마는 것이었다. 그는 어느 때나 삼청(三靑)[10]과 석간주(石間硃)[11]와 도장을 회중(懷中)에 지니고 다니었는데, 아무런 곳에서나 누구의 집에서나 흥이 나서 휘호를 하게 될 때는 채기(彩器)가

---

9) 따지지 않음.
10) 동양화에서, 하늘빛과 같은 푸른빛을 내는 안료.
11) 산수화나 도자기의 안료.

없으면 장판 바닥에라도 쓱쓱 채색을 풀고 서슴지 않고 설채(設彩)를 하는 것이었다. 그러면서도 때때로 낙관을 한 후 도장을 잃어버리는 수가 곧잘 있었다. 위창(葦滄) 옹이 그의 도장을 고쳐 새겨준 것은 한두 번이 아니었다 한다.

그의 기질이 이렇게 방일하고 뇌락(磊落)[12]하기 때문에 어떠한 사람이 그림을 청하든지 거절하는 법이 없었으나, 그러나 오직 세력과 부귀의 힘을 빌려 그림을 청하는 이가 있으면 비록 그 세력에 못 이기어 생명을 빼앗기는 한이 있을지언정 예술을 허여(許與)하지는 아니하였다.

오원의 화명(畵名)이 장안에 진동하매 그는 곧 천(薦)을 받아 화원(畵員)이 되었고 그 후 고종 황제께서 오원에게 어병(御屛)[13] 십수 첩(疊)을 그리게 하사 금중(禁中)에 부르시어 일실(一室)을 채우고 찬감(饌監)에게 명하사 오원에게 하루 두어 차례씩만 두서너 잔 술을 주도록 하시었다. 그는 얼마 동안 화필을 잡고 있었으나 도저히 주는 술만으로는 마른 목을 견딜 길이 없어 채색을 사오겠노라고(오원은 그때 수표동 있는, 어해(魚蟹)[14]로 유명한 화원 장준량(張駿良) 가(家)에 채구

---

12) 마음이 너그럽고 작은 일에 얽매이지 않음.
13) 임금의 뒤쪽에 놓는 병풍.
14) 물고기와 게를 그린 그림.

(彩具)를 사러 다녔다.) 금졸(禁卒)을 꾀어서 야반에 탈주를 하여 그가 평소에 잘 다니는 술집으로 일사천리 달음질하는 것이었다. 그런 줄을 상(上)이 들으시고 오원을 잡아오게 하시고 더 한층 엄중히 경계케 하시었으나, 이번에는 가만히 입었던 옷을 모조리 벗고 금졸들이 입는 옷을 훔쳐 입고 달아나기를 여러 차례 하니 상이 그만 노하시어 오원을 포청(지금 경찰서와 같음)에 잡아다 가두게 하시었다.

그때 충정공(忠正公) 민영환(閔泳煥)이 상께 주(奏)하기를, 오원의 소성(素性)을 신(臣)이 잘 아옵기로 신의 집에 불러 놓고 그림을 마치게 하리이다 하고, 오원을 불러 후원 별당에 있게 하고 감시를 엄하게 한 후 그의 의관을 모두 장 속에 감추고 매일 주효(酒肴)[15]를 넉넉히 하여 주니, 오원이 처음에는 그 후대(厚待)에 퍽 기뻐하여 그림을 그리기에 잠심(潛心)하였으나 수일이 못 되어 그의 머리에 문득 떠오르는 것은 뜨끈뜨끈한 술국에 안주 굽는 냄새와 옆에서는 왁자지껄하고 떠들며 노래하고 춤추는 광경들이었다. 그 광경을 생각하매 오원은 한시 반시를 지체할 수 없었다. 자기의 몸이 지금 사로잡힌 새와 같이 자유를

---

15) 술과 안주.

잃고 있다 하고 생각될 때 그림이 그려질 리도 없고 술맛이 있을 리도 없었다.

그는 몰래 감시하는 자의 조는 틈을 타서 얼른 그놈의 방립(方笠)[16]과 상복(喪服)을 훔쳐 입고 나는 듯 술집으로 발길을 옮겨놓았다.

충정공이 대관에서 돌아와서 이 말을 듣고 사람을 놓아 여러 번 오원을 붙들어다 놓았으나 끝끝내 그는 부자유한 환경에서 어병을 그릴 것을 마치지 못한 채 말았다.

그의 득의(得意)의 작(作)은 어느 것이나 반드시 그의 말과 같이 넉넉한 술이 옆에 있고 아리따운 목소리와 분(粉) 냄새가 흘러오는 자리에서라야 생겨나는 것이었다.

오원의 작품으로 세상에 전하는 것을 보면 산수, 인물, 어해, 영모, 절지(折枝), 기완(器玩) 등 다방면에 능하지 않은 것이 없었는데, 그중에도 산수나 혹은 인물의 유는 그 정치(精緻)함이 비할 데 없는 것이 많고, 어해, 영모, 기명, 절지 등은 거개가 분방한 필치로 되어 있다.

한때는(갑오년간(甲午年間)인 듯) 오원이 고(故) 김가진(金嘉鎭) 씨 병풍에 평생 보지도 못한 원숭이를 그렸다 하여(당

---

16) 상제가 밖에 나갈 때 쓰던 갓.

시에는 서울에 원숭이가 없었다) 장안 안에 한참 이야깃거리 된 적도 있고, 그때까지 기명과 절지는 별로 그리는 화가가 없었던 것인데, 조선 화계에 절지, 기완 등 유(類)를 전문으로 보급시켜놓은 것도 오원이 비롯하였다. 그가 절지, 기명 등의 그림을 그리게 된 것은 그의 나이 사십 고개를 넘었을 때(임오(壬午) 이후) 고(故) 오경연(吳慶然) 씨 댁에 자주 출입하게 되었던 것이 인연이었다.(오경연 씨는 호를 茝庵(채암)이라 하며 亦梅(역매) 吳慶錫(오경석) 씨의 제4弟(제)요 지금 葦滄(위창) 吳世昌(오세창) 씨의 阮丈(완장)으로 일찍이 古藍(고람) 田琦(전기)에게 산수를 배운 이다.) 오씨 댁에는 중국으로부터 가져온 명가의 서화가 많았는데, 오원은 그중에서도 기명, 절지 등을 흥미를 가지고 깊이 연구하였다. 그는 명가의 작품을 방모(倣摹)하였을 뿐 아니라 깊이깊이 탐구하는 열은 실재한 물상(物象)에 응하여 사형(寫形)하기를 또한 게을리하지 않았으니, 그가 흔히 화단 앞에 모란이나 작약 등을 열심으로 사생하고 있었다는 것은 자주 듣는 이야기다.

『일사유사』에 의하면, 오원은 나이 사십이 넘어 비로소 취처(娶妻)[17]하였으나 겨우 하룻밤을 동숙하고는 부자유

---

17) 장가를 들어 아내를 얻음.

함을 못 이기어 서로 작별하고 말았다 하나, 기실은 관수동(觀水洞)에 소가(小家)를 두고 내왕한 일도 있고, 그 집이 오원이 작고한 뒤에는 원남동(苑南洞) 부근으로 이사하여 산 것도 사실인 듯하니, 그에게 본처인의 유무는 필자의 상금(尙今)[18] 밝히지 못한 바이나 그에게 가정이 있은 것만은 사실이고 그러나 그에게 후예(後裔)가 없는 것도 또한 사실이다.

오원은 광무(光武) 정유(丁酉, 1897)에 오십사 세로서 몰(歿)하였다고 하나, 실은 사(死)한 것이 아니요 그의 행방이 불명한 채 없어졌다고 하는 말이 더 신빙되엄직하다.

그것은 오원이 평상시에 늘 말하기를, 사람의 생사란 부운(浮雲)과 같은 것이니 경개(景槪) 좋은 곳을 찾아 숨어버림이 가(可)할 것이요, 요란스럽게 앓는다 죽는다 장사를 지낸다 하여 떠들 필요가 무어냐고 했다는 말과, 또는 그와 친교를 매우 깊이 맺었다는, 청일전쟁 당시에 종군기자로 갔다가 경성에 거주한 일이 있는 고(故) 우미우라 아츠야(海浦篤彌)란 이의 말에 의하면, 매일같이 상봉하던 오원이 수년래로 거처가 불명되었으니 그는 필연코 신선

---

18) 이제까지.

이 된 것이라고 한다는 말을 전문(傳聞)하고 보면, 사실에 있어 그가 정말 신선이 되어 갔는지도 또한 모를 일이다.

 이리하여 오원은 전생의 숙업인 것처럼 배운 적 없는 그림에 천성으로 종사하다가 그 세상을 버림이 또한 신선이 잠깐 머물다 가듯 하였으니, 장수한 그라면 지금 생존했대야 구십칠 세밖에 안 되었을 최근년의 인물이면서도 너무나 기발한 그의 생애가 마치 신화 속의 인물이나 되는 것처럼 우리에게 일종 신비적인 선모심(羨慕心)을 자아내게 한다. 아마도 오원은 신선이 되었나 보다.

승가사(僧伽寺)의 두 고적(古蹟)

 자하문 밖을 나서면 먼저 생각나는 것이 세검정이다. 승가사를 가려면 세검정에서도 십오 리쯤 올라가야 한다.

 승가사 바로 뒷봉에 해마다 마멸해간다는 진흥왕(眞興大王) 순수관경비(巡狩管境碑)를 찾아가는 길에 이삼십 년 전 앉아 놀던 세검정에 다다르니 정자는 간 곳이 없는데 예나 이제나 무심히 흐르는 물을 바라보면서 주춧돌만이 외롭게 서 있다. 그 아담하던 정자는 벌써 삼사 년 전에 불의의 화재를 만나 타버렸다는 것이다.

 허무하게 없어질 정자인 줄 알았다면 학생 시절에 파스텔로 사생해둔 것이나마 고이 간직해두었더라면 싶다.

 옛날부터 조지서(造紙署)[1]가 있던 곳이라 지금도 인가

---

1) 조선시대에 종이 만드는 일을 담당하던 관청.

(人家)가 있는 데까지는 하얀 종이를 뜨는 것이 제법 볼 만하여 지루한 줄 모르게 걸음을 옮기게 한다. 절 어귀에 가기까지는 그다지 험로도 아니고 하루의 원족(遠足) 길로는 꼭 알맞은 곳이다.

절에 당도하니 먼저 눈에 띄는 것이 절 뒤 마애(磨崖)에 새긴 유명한 부조(浮彫) 석불이다.

사승(寺僧)에게 물으니 석불은 옛날 이곳에 몽고승(蒙古僧) 승가대사(僧伽大師)가 굴을 파고 수도를 하며 대사 손수 저 바위에다 부처님을 새겼다는데 절은 후에 창건된 것이라 한다. 일본인 세키노 다다스(關野貞)는 이 석불을 고려 초기 불상으로 잡고 고려 조각으로서는 신라 것에 비등할 만한 우수작이라 하였다. 무엇을 근거로 이런 말을 하였는지 모르나, 내가 보기에 이 마애불은 확실히 신라 조각에 틀림이 없다. 미목(眉目)으로부터 코, 입술이 모두 다 예쁘고 시원스런 표현이라든지, 신라 석조의 특색인 턱 아래 한 곡선을 그어 아래턱을 만든 솜씨며 상모(相貌)[2]는 턱이 꽉 받치고 원후(圓厚)하고 복스러운 맛이라든지, 의습(衣褶)[3]과 가부좌(跏趺坐)의 자세며 팔각형으로 된 천

---

2) 얼굴의 생김새.
3) 의복의 주름.

개(天蓋)[4]를 반쯤 돌을 파고 넣은 것과 연좌(蓮座)의 유려한 선 등이 모두 다 신라의 감각이 역력히 드러나고 있다.

마애 전면이 바로 급한 낭떠러지로 되어 이십여 척이나 되는 높이를 조각하기에 여간 힘들 곳이 아닌데도 그 면상의 우미한 각법(刻法)은 놀라지 않을 수 없다. 그래서 그런지 어깨 아래의, 더구나 손의 각법은 대단히 소홀히 했다. 이 소홀히 한 것을 보아 고려 조각이라 속단하였는지 모르나, 경주 남산의 석불들도 하체를 소홀히 한 것이 적지 않으며 고려조 불상이란 은진미륵(恩津彌勒)을 보든지 마하연(摩訶衍)에 있는 마애불로 나옹조사(懶翁祖師)의 작이라고 이르는 묘길상부각(妙吉祥浮刻) 등을 보아도 그 면상의 졸렬함은 말할 것도 없거니와 손으로 보더라도 이 조각과 비할 바 못 된다.

고려 불상의 대표격으로 치는 폐적조사(廢寂照寺) 철조여래상(鐵造如來像, 현 국립박물관 소장)을 필두로 한 다수의 고려 불은 전체적으로 미목(眉目)과 구비(口鼻)가 모두 한 군데 모여들거나 그렇지 않으면 양편 볼이 빈약하고, 더구나 코는 짜부라지다시피 작고 가난하다. 귀도 신라불처럼 길고

---

4) 신상, 불상, 왕좌, 귀인의 좌(座), 제단, 성물 등의 윗부분을 덮는 장식물.

넉넉하지 못하여 사람으로 치면 궁기(窮氣)가 든 얼굴처럼 촌스럽고 우울하고 오종종한 인상을 주는 것이 고려 불상의 특징이요, 각법의 스케일이 웅대하지 못하고 부분적으로 자꾸 둥글리는 데 여조(麗朝) 예술의 특징이 있어, 이런 점에서 신라불과 그 감각을 달리하는 것이다. 『여지승람(輿地勝覽)』에는 이러한 문구가 적혀 있다.

> 僧伽寺(승가사), 在三角山(재삼각산), 高麗李頠(고려이오) 重修記有云(중수기유운), 按崔致遠文集(안최치원문집), 昔有新羅狼跡寺僧秀台(석유신라랑적사승수태), 飫聆大師之聖跡(어령대사지성적), 選勝于三角山之南面(선승우삼각산지남면), 開岩作窟(개암작굴), 刻石模形(각석모형), 大師道容(대사도용), 益照東土(익조동토), 國家如有乾坤之變(국가여유건곤지변), 水旱之災(수한지재), 禱以禳之(도이양지), 無不立應(무불립응)

지금 이오의 『중수기(重修記)』는 찾을 길이 없으나 『승람』의 이 대문을 보면 신라승 수태라는 사람이 승가대사의 위대한 행적을 많이 듣고 북한산, 지금 승가사 자리에 와서 굴을 파고 승가대사를 숭앙하는 나머지 그 상을 각(刻)하니 승가대사의 이름이 조선 땅에 더욱 빛났다는 뜻으로서, 이로 보면 신라의 수태란 승(僧)은 훌륭한 조각의 명수이었던 모양이고, 사승의 전한 바 승가가 이 땅에 온 것이 아니라 수태가 바로 여기에서 수도한 것을 와전함이 분명하다.

승가란 중은 속성(俗性)은 하(何) 씨요 서성(西城)의 고승(高僧)으로서 서기로 628년에 나서 팔십삼 세나 산 사람으로, 삼십여 세 때 중국에 와서 당나라의 여러 제왕의 존숭(尊崇)을 받다가 서기 710년에 입적했는데, 세칭 관세음보살의 화신이란 말을 들은 만큼 여러 번 이적(異蹟)을 나타냈다는 것이다.

'국가에 불측(不測)의 변(變)이 있을 때 기도를 올리면 반드시 영험이 있다'는 말과, 또 그의 전기에 당말 이후로 정사(精舍)를 조건(造建)하는 사람이면 반드시 대사의 진상(眞相)을 만들어 세워놓고 걸원(乞願)[5]하면 효(效)[6]를 얻는 수가 많다는 것 등을 보아, 이 마애불은 『최치원 문집』에 있는 말대로 추종한다면 석가상이라고 하기보다 확실히 승가의 상을 각한 것임이 틀림없다.

그러나 이 조각은 상모(相貌)나 법의(法衣)나 촉지항마인

---

5) 소원을 비는 것.
6) 효과(效果).

(觸地降魔印)[7]의 좌세(坐勢) 등 모두가 재래의 여래상에서 많이 볼 수 있는 양식이니만큼 이상의 전제조건만 없으면 확실히 여래불상임에 틀림없다. 종래로 불상 이외의 한낱 수도승의 상을 이러한 스타일로 조각한 것을 보지 못하였기 때문이다.

그러면 『최치원 문집』에는 어찌하여 이러한 연유가 기록되었는가. 수태가 개암작굴(開岩作窟)하고 각석모형(刻石模形)하였다는 것은 틀림없이 이 조각을 말하는 것인 듯한데, 그렇다면 수태가 승가의 상을 각(刻)할 때 불상을 각조(刻造)하던 수법으로 그대로 각을 하고 만 것일까. 그러나 신라는 불교의 나라라 그만한 착오가 용허될 리 없다. 만일 그렇다면 우리는 이러한 해석을 내릴 수밖에 없다.

신라의 조각승 수태가 승가대사를 숭앙하여 삼각산, 지금 승가사 자리에다 터를 잡고 대사를 본받아 수도를 하면서 그 굴 부근에 석가의 상을 만들었다고 한 것이 아닐까.

아무튼 이 조각은 누구를 각하였던지가 문제가 아니다.

우리가 알고 싶어하는 것은, 한 개의 차디찬 석면을 통하여 천 수백 년이 훨씬 넘는 그 옛날 신라 조각수(彫刻手)

---

[7] 부처가 악마를 항복시키는 의미의 수인(手印). 항마촉지인(降魔觸地印).

의 정질과 흘린 땀으로 빚어진 신라 사람의 따뜻한 피를 느끼고 싶고, 그들의 느낀 미에 대한 감각이 오늘날 우리에게 어떠한 모양으로 우리들의 정서를 흔들어주는가 하는 것이다.

마애석불을 끼고 가파로운 뒷봉을 십여 분 기어올라가니 마루턱에 유명한 진흥대왕의 순수관경비가 우뚝 서 있다.

일찍이 추사 김정희 선생이 이 비를 발견한 이래로 여러 학자들이 탁본을 찍어내고 연구를 거듭하여 온 비(碑)다.

우리 민족의 손으로 세운 석비는 그 최고(最古)한 것이 만주 통구(通溝)에 있는 고구려 광개토왕비요, 그 다음이 신라 진흥왕의 사적을 기록한 비들로서, 진흥왕비는 이 북한산비 외에 경남 창녕비(昌寧碑)와 함남 이원(利原)에 있는 마운령비(磨雲嶺碑)와 또 하나 함흥 황초령비(黃草嶺碑)가 있다.

이 네 비 중에 북한산비가 제일 만환(漫漶)[8]이 심하여서 얼른 보아서는 몰자비(沒字碑)같이 보인다.

높이 오 척 남짓한 비로서 근래의 비와 달라 두께가 적

---

8) 그림이나 글씨 등이 닳거나 젖어서 희미하고 어슴푸레함.

승가사의 두 고적 · 179

당한 정도로 얇다.

그러나 경박하여 보이지 않고 늘씬한 품이 어디인지 모르게 신라적 감각을 전해준다.

신라의 석물(石物)은 조각이든 탑파든, 심지어는 이런 단비잔갈(斷碑殘碣)[9]에까지 깎을 곳을 시원스럽게 깎아 뽑아서 그들의 미의 목표가 어느 곳에 있는지를 말하듯 보여주고 있다.

백제 석물이 능각(稜角)의 모난 곳을 약간 죽여서 온화한 맛을 내는 것이나, 고려의 수법이 구석구석에 토실토실한 둥근 맛을 내는 특색을 발휘하는 것이나, 조선조의 예술이 우둔하리만큼 중탁(重濁)한 견실미(堅實味)를 가진 모양으로, 신라는 신라대로 미끈하고 단조한 한 개 돌을 깎는데도 그들의 미의 감각을 약여(躍如)[10]하게 보여주는 것은 신비에 가까우리만큼 예술의 힘이 위대하다는 것을 증명하는 것이다.

이 비는 비수(碑首)[11]도 없고 부석(趺石)[12]도 없다. 바닥

---

9) 조각나고 깨진 비석.
10) 생생함.
11) 비석의 머리 부분.
12) 비석의 받침돌.

바위를 그대로 파서 비부(碑趺)[13]로 삼고 그 위에 비신(碑身)을 세우고 뒤에 방첨(方簷)[14]을 올렸던 것이 떨어져 있다고 옛날 완당 선생은 말하였는데 지금 방첨은 어느 구렁에 떨어져 묻혔는지 찾을 길 없다.

전액(篆額)[15]도 없고 음기(陰記)[16]도 없다.

완당 선생은 병자년 삼십일 세 때 김경연(金敬淵)이란 분과 같이 갔다가 이 비를 발견하고 처음에는 무자비(無字碑) 같이 보았으나, 천년고색(千年古色)이 어린 이끼 낀 석면을 손으로 만지고 더듬어서 희미하게 나타나는 글자들을 발견하였다. 삐치고 꺾고 한 자획이 이끼를 따라 움직인 자취를 보고 종이를 덮어 찍고 또 찍어서, 마침내 이 비는 황초령비와 서체가 같은 것을 발견하고 다시 진흥왕의 진(眞) 자를 찾아서 이 비가 천 수백 년 동안을 신라의 한 페이지 역사를 품은 채 세인의 눈에서 사라졌던 것을 발견하고, 금석학(金石學)이란 것이 얼마나 귀중한 학문인가를 환희로써 설파하였다.

---

13) 비석의 받침돌.
14) 비석의 네모난 덮개돌.
15) 전자(篆字)로 쓴 비갈(碑碣)이나 현판의 제액(題額).
16) 비갈(碑碣)의 등뒤에 새긴 문장.

그리고 비의 측면 우편에,

此新羅眞興大王巡狩之碑丙子七月金正喜金敬淵來讀(차신라진흥대왕순수지비병자칠월김정희김경연래독)

이라는 제지(題識)를 각하고 그 이듬해 다시 조인영(趙寅永)과 같이 가서 예순여덟 자를 발견하고 다시 측면 좌편에 예서로,

丁丑六月八日金正喜趙寅永同來審定殘字六十八字(정축육월팔일김정희조인영동래심정잔자육십팔자)

라 첨각하였다.

완당 선생은 그 뒤 다시 두 자를 더 발견하여서 도합 칠십 자를 찾았다 하였으나, 지금은 선생의 제각(題刻)도 백사십 년이나 지나는 동안 자형이 거의 똑똑치 못한지라 당시에 찾았다는 일흔 자도 지금은 그 형적(形跡)을 더듬어볼 길이 없다.

비신(碑身) 좌하(左下)에 제법 똑똑한 듯한 글자가 있어 묵랍(墨蠟)으로 문질러보았더니 겨우 '造作(조작)'의 두 자를

희미하게 짐작할 수 있을 뿐 기여(其餘)의 글자는 구탁(舊拓)의 대조 없이는 알아볼 글자가 한 자도 없다.

그리고 비측(碑側)에 완당 선생의 각지(刻識)의 양행(兩行) 중간에 흡사히 원비(原碑)의 서체인 육조해(六朝楷)[17] 비슷한 글씨로,

己未八月□日□濟鉉龍仁人(기미팔월□일□제현용인인)

이란 열두 자의 각자(刻字)가 있는데, 이 각자는 어느 때 된 것인지 완당의 「금석과안록(金石過眼錄)」에도 기록되지 않고 기외(其外)의 제가의 논고에도 기록된 곳이 있는지 미상(未詳)하다. 식견 없는 탐승배(探勝輩)[18]의 소위 기념제명(紀念題名)인 듯도 하나 서체로나 각법으로나 정중하게 행간을 차지한 품으로 보나 작희(作戱)로만 보아버릴 수는 없다. 어느 때인지는 모르나 역시 호고가(好古家)의 제명인 듯싶다.

진흥왕은 신라의 제24대의 영주(英主)로서 불교를 독신(篤信)하였고 국력을 날로 길러서 후에 태종 무열왕(武烈王)

---

17) 해서(楷書)로 쓴 글씨체.
18) 경치(景致) 좋은 곳을 찾아다니는 사람.

의 통일을 가져오게 된 것도 오직 진흥왕 때에 그 기초를 닦은 것이라고 볼 수 있다.

신라의 애국정신으로 천고에 빛나는 화랑 사상이 이때에 비롯하였으며 그 찬란한 불교 예술도 이 왕대에 된 것이 많으니, 건축으로의 흥륜사(興輪寺), 기원사(祈園寺), 실제사(實際寺), 황룡사(皇龍寺) 등이 다 이때 되었고, 사상(史上)에 유명한 황룡사 장륙상(丈六像)은 황룡사와 함께 지금은 찾아볼 길이 없으나 모두 이때에 만들어진 것이다.

이렇게 찬란하던 신라의 면모는 오늘날 남은 것이 그리 많지 못하다.

쪽이 부스러지고 글자가 마멸된 한 개의 잔석(殘石)일망정 이 한 개의 돌은 우리가 아무 데서나 볼 수 있는 돌과는 다르다. 위대한 신라의 정신과 신라의 미가 숨어 있고 다른 한편으로는 우리나라의 지보(至寶)인 완당 선생의 피가 또한 숨어 있다.

이끼가 서리면 만져보고 싶고 바라다보고 싶거늘 하물며 이 비에 이끼가 천 년을 두고 중중첩첩으로 싼 데다가, 찬란한 역사를 지니고 고(古)나 금(今)이나 동심지인(同心之人)이 못내 회고(懷古)하고 어루만진 자취가 또한 어리어 있으니, 이 비의 귀하고 중함이 어찌 천만 황금에 비할 바이랴.

광개토왕 호우(壺杅)에 대하여

학서(學書)에는 반드시 먼저 예(隸)의 정신을 배워야 한다. 예법은 모름지기 방경고졸(方勁古拙)[1]함이 으뜸이요 이 고졸하다는 것 그것이 무엇보다 어려운 것이다.

한예(漢隸)[2]가 좋다는 것은 고졸한 맛이 담뿍 실려 있기 때문이다.

그러나 한예 중에도 파책(波磔)[3]이 심한 동경예(東京隸)보다는 파책이 없는 서경예(西京隸)를 더 상승(上乘)으로 치는 소이는 소위 "隸之無波之爲貴者(예지무파지위귀자), 卽留有餘不盡之意(즉류유여부진지의)"[4]이기 때문이다.

---

1) 굳세고 소박하면서 고아(古雅)한 멋이 있음.
2) 파책도법(波磔挑法)이 없는 서체.
3) 예서에서 옆으로 긋는 획의 종필(終筆)을 오른쪽으로 흐르게 뻗어 쓰는 필법.
4) 예서에 파책이 없는 것을 귀히 여기는 것은 여유 있게 하여 다 채우지 않는다는 의미이다.

우리 동인(東人)이 덮어놓고 만호제력(萬毫齊力)[5]이란 껍데기 논리만 들어가지고 현완(懸腕)[6]이라든지 엽압구게(擫壓鉤揭)[7]라든지 구궁간가(九宮間架)[8]라든지 하는 서법의 진수는 모르고서 덤비는 것은 방필일소(放筆一笑)[9]할 일이다.

언언구구(言言句句)이 이렇게 역설한 완당 선생은 이십사 세 때에 그의 아버지의 연행(燕行)[10]에 좇아 중국에 가서 완원(阮元), 옹방강(翁方綱) 같은 당대 홍유(鴻儒)[11]들을 만나 금석학 서법에 관한 오의(奧義)를 공부하고 우리 조선에 글씨가 없음을 개탄하여 마지않았는데, 그가 서거한 지 불과 삼십여 년에 고구려의 고도(古都) 통구(通溝)에 우뚝 솟은 광개토왕비가 천오륙백 년을 두고 황폐한 고도를 내려다보며 그 웅위기굴(雄偉奇崛)[12]한 수천 자의 고례(古隸)[13]를 가슴에 품은 채 잡초 우거진 가운데 숨어 있었

---

5) 글씨를 쓸 때 모든 붓털에 가지런하게 힘이 들어가는 것.
6) 팔을 바닥에 붙이지 않고 붓을 곧게 쥐고 쓰는 서도의 기본자세.
7) 붓으로 글씨를 쓸 때 붓을 적절히 누르고 드는 것.
8) 붓으로 글씨를 쓸 때 선과 선 사이의 공간을 적절히 만드는 것.
9) 붓을 놓고 웃음.
10) 사신(使臣)이 중국 북경으로 감.
11) 유명한 유학자(儒學者).
12) 웅장하고 기괴함.
13) 서한(西漢) 때 통용된 파세(波勢)가 없는 서체.

던 줄 누가 알았으랴. 그리고 또 그 후 육칠십 년이 다 못 된 오늘에 남쪽 끝 신라의 고도 경주의 고분에서 같은 고례로 씌어진 동조(銅造) 광개토왕 호우(壺杅)가 발견될 줄 누가 짐작하였으랴.

오봉이년각석(五鳳二年刻石)[14]을 비롯하여 잔금영석(殘金零石)[15]이 많지 않은 고례의 정신을 끔찍이 사랑하던 완당 선생이 오늘날 생존하였던들 얼마나 광희작약(狂喜雀躍)[16] 하였을 것인가.

'國岡上廣開土境平安好太王碑(국강상광개토경평안호태왕비)'[17]는 세인이 이미 주지하는 바다.

비수(碑首)나 비부(碑趺)의 수식도 없이 고구려 사람의 진취적 기상과 독창적 정신을 웅변으로 말하는 이 비는 수십 척 높이의 한 덩어리의 자연석 그대로다.

후한(後漢) 때에 비롯하여 수(隋)·당(唐) 이후 오늘날까지 동양 일판에 이런 형제(形制)의 비가 어디 있느냐.

---

14) 서한(西漢) 선제(宣帝)시대 오봉 2년(서기전 56년)에 새긴 각석(刻石). 노효왕각석(魯孝王刻石).
15) 전해져 내려오는 얼마 되지 않는 금석문(金石文).
16) 몹시 기뻐 날뜀.
17) 호태왕비(好太王碑).

비라면 먼저 생각나는 것이 원수(圓首)[18]나 규수(圭首)[19] 혹은 반리(蟠螭)의 비수(碑首)[20]와 천공(穿孔) 비신(碑身) 귀부석(龜趺石)[21] 등이요, 비신은 으레 사각으로 다듬는 것이 항례다.

무두무미(無頭無尾)[22]한 한 덩어리의 돌이 의기충천하는 기상으로 홀연히 용립(聳立)한 이렇게 무모한 비를 일찍이 본 사람이 있느냐!

무명소졸(無名小卒)의 묘표(墓標)[23]라면 또 모르겠거니와 용감하기 비할 곳 없는 고구려 사람, 그중에도 제왕, 제왕 중에도 전무후무한 영주(英主)인 광개토왕—이 분의 기적비(紀績碑)가 포효하는 사자처럼 아무렇게나 생긴 돌로 우뚝 세워졌다는 것은 고구려의 감각이 아니고서는 상상키도 어려운 일이다.

그들의 미(美)는 곧 힘이다. 힘이 없는 곳에 그들의 미는 성립될 수 없다.

---

18) 상단이 둥근 비석.
19) 상단이 네모난 비석.
20) 용 두 마리 또는 그 이상의 용을 새긴 비석. 이수(螭首).
21) 거북 모양의 비석 받침대.
22) 처음과 나중이 없거나 머리와 꼬리가 없음.
23) 무덤 앞에 세우는 푯돌.

그들의 이러한 힘, 즉 미의 이상은 글씨로도 나타난다.

시대는 비록 분례(分隸)[24]가 생긴 훨씬 뒤인 진대(晉代)라 할지라도, 이석문의 패기 있고 치졸웅혼(稚拙雄渾)한 맛은 도저히 후한비(後漢碑)의 유(類)가 아니다. 공주비(孔宙碑)나 조전비(曹全碑)나 예기비(禮器碑)에서와 같은 염려(艶麗)[25]하다거나 간경(簡勁)[26]한 맛이라고는 약에 쓸래야 찾아볼 수 없다.

혹자 말하기를 호태왕비(好太王碑)는 분서(分書)라 한다.

혹자 말하기를 호태왕비는 분례(分隸)이면서도 고례(古隸)에 가깝다고 한다.

이 비의 서체가 가다오다 파별(波撇) 같은 것이 있는 것으로 하여 혹은 분서라 하는지도 모른다. 또 어느 한계까지 분서의 내용은 다소 가졌는지도 모른다.

그러나 이것을 그대로 분례에 규정하고 말해야 옳을 것인가.

심한 만환(漫漶)으로 인하여 혹은 분례같이 느껴지는 면이 있지나 않은가.

---

24) 동한(東漢) 때 통용된 파세(波勢)를 더한 서체.
25) 아리땁고 고움.
26) 간결(簡潔)하고 힘참.

우리는 다시 경주 고분에서 나온 비의 서체와 꼭같은 호우의 서체를 음미하지 않을 수 없다.

乙卯年國岡上廣開土地好太王壺杅十(을묘년국강상광개토지호태왕호우십)

이 동제(銅製) 호우 바닥에 명기(銘記)된 열여섯 자의 글씨는 최대한 글자가 한 치 평방밖에 안 되는 작은 규모인데도 불구하고 그 웅대한 기상은 보는 사람의 눈을 아찔하게 한다.

일점일획(一點一劃)의 파별이 없다. 글자마다 우렛소리가 들리는 듯하다. 가사(假使) 파별 같은 인상을 주는 곳이 있다 치더라도 이것을 누가 분례에 가깝다 할 것인가. 고(古)하고 졸(拙)하며 기(奇)하고 위(偉)하다.

그러면 이 두 금석문은 동일인의 필적이라야 하지 않겠는가.

호우의 전문적 고증은 발굴 당사자의 조사 보고서와 제 대방가(大方家)의 연구를 기다릴 수밖에 없거니와, 우선 문외한의 호고심(好古心)은 먼저 사서(史書)의 페이지를 뒤치는 수밖에 없다.

호태왕 비문에는 "以甲寅年九月卄九日乙酉遷就山陵(이 갑인년구월공구일을유천취산릉) 於是立碑銘記勳績以示後世焉(어시입비명기훈적이시후세언)"[27]이란 대문이 나오는데, 호우에는 '乙卯年國岡上廣開土地好太王壺杅十(을묘년국강상광개토지호태왕호우십)'이라는 기년명(記年銘)이 있어 이 호우가 주조된 것은 호태왕 천장 익년(翌年)에 해당한다. 그리고 글씨의 자양결구(字樣結構)[28]의 일점일획이 모조리 꼭같은 것을 보아, 이 두 금석문의 필자는 동일인임에 틀림없고 호태왕 당시의 고구려의 이름 높은 서가(書家)임이 확실하다. 사승(史乘)[29]이 전하지 아니하여 당대의 서화가의 이름을 찾아낼 도리가 없으나 모든 고증이 앞서기 전에 나는 대담하게 말하노니, 이것이 동일인의 서(書)라는 것은 나의 직관의 힘이 틀릴 리가 없다고 믿는다.

그러면 어찌하여 고구려의 호우가 그때의 상대 세력의 나라인 신라에 와서 묻혔느냐.

이 점은 발굴 당사자의 추측도 대략 그러하거니와 나

---

27) 갑인년 9월 29일 을유에 산릉을 이장(移葬)하였다. 이에 비를 세워 그 공훈을 기록하여 후세에 전한다.
28) 글자의 모양과 짜임새.
29) 역사적 사실을 기록한 책.

역시 그 추측을 동감으로 하여 사서(史書)를 더듬어가는 수밖에 없다.

신라 내물왕(柰勿王) 37년 임진(壬辰, 公元 392, 고구려 광개토왕 2년)에 고구려의 강대한 세력은 신라의 이찬(伊飡) 대서지(大西知)의 아들 실성(實聖)을 인질로 데려간다.

그러나 실성은 그를 인질로 보내는 내물왕에게 원심(怨心)을 품게 된다.

십 년 만에 돌아온 실성은 공교롭게 내물 왕자가 어린 것을 기회로 왕위에 오르게 된다.

그의 보복 수단은 즉위하자 바로 왜국의 트집에 내물왕의 셋째아들로 십 세밖에 안 되는 미사흔(未斯欣)을 왜에게 인질로 보내고 그 후 십일 년 만에 또 내물왕의 둘째아들인 복호(卜好)를 고구려에 인질로 보낸다. 복호가 인질로 가던 해 광개토왕은 승하하고 그 후 삼 년 만인 장수왕(長壽王) 2년 갑인(甲寅)에 호태왕의 능은 통구로 천장(遷葬)하고, 그 익년인 을묘년에 호우를 주출(鑄出)하고, 그 후 사 년 만인 신라 눌지왕(訥祗王) 2년(戊午, 公元 418, 고구려 장수왕 6년)에 복호는 인질로 간 지 칠 년 만에 고국에 돌아오고, 일본으로 갔던 미사흔도 동년(同年)에 도망해 귀국한다.

신라의 이 두 왕자가 동년에 고국에 돌아오게 되는 데

는 『사기』와 『유사』에 재미난 이야기가 있다.

나는 다시 신라의 의사(義士) 박제상(朴堤上)을 등장시키지 않을 수 없다.

박제상은 신라 시조(始祖) 혁거세(赫居世)의 후예로 신라의 충의지인(忠義之人)으로 뚜렷한 자리를 차지하는, 잊을 수 없는 인물이다.

실성왕은 내물왕의 두 왕자를 고구려와 일본에 보냈으나 첫째 왕자인 눌지마저 죽여버리려 하여 여인(麗人)과 밀약하고 고구려로 보냈는데, 눌지의 신채(神采)가 비범함을 본 여인(麗人)은 도리어 눌지에게 그 비밀을 폭로해준다.

눌지는 귀국하자 자기를 해(害)하려던 실성왕을 시(弑)하고 자립하게 된다.

왕은 즉위하자 두 왕제(王弟)를 그리워 비감해 마지않더니 마침 삽량(歃良, 『유사』에는 羅로 적혔음)군 태수로 있던 박제상(『유사』에는 金으로 되어 있음)이 자원하여 왕자 복호를 구하러 떠난다.

제상은 어전(御前)에서 왕과 잔을 나누고 악수로써 고별하고 북행하여 고구려왕을 만나 일촌설(一寸舌)[30]로써 여

---

30) 한마디의 짧은 말.

왕(麗王)의 마음을 돌리게 하여 쾌락(快諾)[31]을 받고 복호와 동귀(同歸)하게 된다.

왕제 복호를 만난 눌지왕은 한편 기뻐하면서 한편 좌우 팔 같은 두 아우를 하나만 만났으니 어찌하자느냐고 탄식하여 마지않는다.

이에 제상은 개연(慨然)히 아뢰기를 신(臣)이 비록 노재(奴才)[32]이오나 기위(旣爲)[33] 나라를 위해 몸을 바친 바니 어찌 봉명(奉命)[34]하지 않으리요.

그러나 고구려는 대국이요 임금도 현군(賢君)이라 일언지하에 쾌락을 얻었거니와 왜놈은 의로운 말로써 감동되지 못할 놈들이니 사모(詐謀)[35]로써 왕자를 데려오리다 하고, 만일 성공하지 못하는 날에는 죽음으로써 맹세할 것을 약속하고 바다를 건너 멀리 왜국을 향한다.

이때 제상은 미처 처자(妻子)도 만날 여가 없이 떠나니 그의 부인은 율포(栗浦)의 포구(浦口)까지 쫓아오면서 대성통곡을 한다.

---

31) 쾌히 승낙함.
32) 열등한 재주.
33) 이미.
34) 임금이나 윗사람의 명령을 받듦.
35) 남을 속여넘기려는 모략.

그러나 제상은 아내에게 최후의 결별을 하고 표연히 떠나고 만다.

제상은 왜왕 앞에 나아가 그가 신라를 배반하고 왜국의 신하 되기를 원하는 뜻을 말하고 왜왕이 의심하지 않는 때를 기다려 하루는 왕제 미사흔과 배를 타고 고기잡이를 하는 체하다가 미사흔에게 도망하라고 권한다.

미사흔은 그대도 같이 가자 하였으나 제상은 같이 가면 반드시 잡힐 것이라 하여 미사흔은 울면서 제상과 작별하고 고국으로 도망해 온다.

그 익일(翌日) 왜왕은 미사흔이 도망한 것을 발견하자 제상을 포박하고 고문을 심히 하니 제상은 "신(臣)은 계림(鷄林)의 신이요 왜왕의 신이 아니라. 군왕의 명을 좇아 왕제를 도망시켰노라" 대답한다.

왜왕은 "네가 나의 신하가 되겠다면 중록(重祿)[36]을 줄 것이요, 계림의 신이라면 오형(五刑)[37]에 처하리라" 하였으나 제상은 차라리 계림의 모진 매를 맞을지언정 왜왕의 중록을 원하지 않노라 한다.

뜨겁게 달군 쇠로 찌르고 지지고 하였으나 종래 굴하

---

36) 많고도 후한 녹봉.
37) 다섯 가지 형벌. 태형(笞刑), 장형(杖刑), 도형(徒刑), 유형(流刑), 사형(死刑).

지 않는지라 필경 목도(木島)에서 태워 죽이고 만다.

후일 이러한 소식을 들은 눌지왕은 심히 애통하고 제상의 유가족에게 후사(厚賜)를 내리고 대아찬(大阿湌)의 직위를 추증(追贈)하는 동시에 제상의 둘째딸로써 미사흔의 아내를 삼게 하였다.

그리고 미사흔이 환국하였을 때는 대연(大宴)을 베풀고 왕이 자작가무(自作歌舞)를 하였으니 향악으로 「우식곡(憂息曲)」이란 것이 곧 눌지왕의 소작(所作)이다.

두 왕자의 이야기는 대략 이러하거니와, 이것이 『삼국사기』 「열전」에 있는 것과 「삼국유사」 「내물왕」조에 있는 것이 여러 군데가 서로 조금씩 다르다. 인질로 간 연대도 다르고 『사기』에 미사흔과 복호가, 『유사』에는 미해(美海)와 보해(寶海)로 되어 있으며(이것은 한자로 취음(取音)한 관계이리라), 『유사』에는 복호도 도망온 것으로 되어 있다.

아무튼 이 두 왕자 중에 복호가 고구려에서 돌아온 것이 신라 눌지왕 2년(公元 418)이고 보면 호태왕릉을 천장한 해로부터 오 년, 호우를 만든 해로부터 사 년 만으로서, 호우명(壺杅銘)에 '乙卯年(을묘년)…壺杅十(호우십)'이란 것을 보아 아마 호태왕의 위적(偉績)을 기념하기 위하여 호우 열을 만들었는데, 그중에 하나를 복호가 얻어 두었다가 고국으로 가져온 것이 아닌가 싶다.

그렇다면 이 호우가 나왔다는 경주의 고분은 필시 복호의 무덤이 분명할 것이다.

그리고 또한 종래로 호태왕 비문에 '以甲寅年(이갑인년)…遷就山陵(천취산릉) 於是立碑銘記勳績(어시입비명기훈적)…' 운운을 보고 입비(立碑) 연대를 갑인년(公元 414)으로 잡던 것은 호우를 만든 을묘년(415)에 입비하였는지도 알 수 없는 일이다.

입비란 반드시 장례와 동시에 하는 것이 아니요 추후로 세우는 것이 보통이니, 서체로 보아 동일인의 필적이요 기념 호우를 을묘년에 만들었다면 입비와 동시에 이 동호우(銅壺杅)를 만들었을 것이라고 믿고 싶다.

跋
발

 내가 수필을 쓴다는 것은 어릿광대가 춤을 추는 격이다.
 문학을 전공하는 사람들의 말을 듣든지, 내 경험으로 보아서든지 아무튼 수필이란 글 중에도 제일 까다로운 글인 성싶다.
 그림 한 폭을 변변히 못 그리는 주제에 무슨 염치로 책으로까지 내게 되는지 나 자신으로서도 알 길이 없다.
 다방면의 책을 읽고 인생으로서 쓴맛 단맛을 다 맛본 뒤에 저도 모르게 우러나는 글이고서야 수필다운 수필이 될 텐데….
 그러나 불행인지 행인지 모르나 마음속에 부글부글 괴고만 있는 울분을 어디에다 호소할 길이 없어, 가다오다 등잔 밑에서 혹은 친구들과 떠들고 이야기하던 끝에 공연히 붓대에 맡겨 한두 장씩 끄적거리다 보니 그것이 소위 내 수필이란 것이 된 셈이다.

옛날 세상 같으면 서러운 심회를 필묵에 맡겨 혼쇄(渾灑)[1]하기도 하고, 그렇지 않으면 강저(江渚)에 낚대로 벗을 삼아 한평생 꿈결같이 살아 나갈 수도 있을 터인데, 현대라는 괴물은 나에게 그렇게 할 여유조차 주지 않는다.

예나 이제나 우리 같은 부류의 인간들은 무엇보다도 자유스러운 심경을 잃고는 살아갈 수 없다.

"남에게 해만은 끼치지 않을 테니 나를 자유스럽게 해달라."

밤낮으로 기원하는 것이 이것이언만 이 조그만 자유조차 나에게는 부여되어 있지 않다.

언제나 철책에 갇힌 동물처럼 답답하고 역증이 나서 내 자유의 고향이 그리워 고함을 쳐보고 발버둥질을 하다보니 그것이 이따위 글이 되고 말았다.

이 중에는 묵은 글도 있고 새 글도 있고, 수필 비슷한 것도 있고 화인전(畵人傳) 비슷한 것도 있고 군소리 비슷한 것도 있어 잡채 무치듯 뒤죽박죽으로 버무려 놓았다.

이것을 밉다 아니하고 음으로 양으로 책이 되도록 은

---

1) 먹물이 번지어 퍼지게 하는 발묵(潑墨)으로 흐리게 한 뒤 필선(筆線)으로 선명하게 그리는 기법.

근히 힘을 도와준 여러 친구에게 마음속으로 사의(謝意)를 표하지 않을 수 없다.

무자(戊子) 음(陰) 2월 초(初) 3일
반야초당(半野草堂)에서

김용준(金瑢俊, 1904~1967)

호는 근원(近園), 선부(善夫), 검려(黔驢), 우산(牛山), 노시산방주인(老枾山房主人). 1904년 2월 3일 경북 선산(善山)에서 태어났다. 1920년 경성중앙고등보통학교에 입학하였고, 1923년 고려미술원(高麗美術院)에서 이마동(李馬銅), 구본웅(具本雄), 길진섭(吉鎭燮), 김주경(金周經) 등과 미술 수업을 받았다. 1924년 '제3회 조선미술전람회'에서 〈동십자각(東十字閣)〉이 입선되었다. 1926년 동경미술학교 서양화과에 입학했다. 유학생들의 모임인 백치사(白痴社)를 조직하기도 했으며, 소설가 이태준(李泰俊)을 만나게 된다. 1931년 동경미술학교를 졸업했다. 1946년 서울대학교 예술대학 동양화과 교수를 역임하고, 1948년 동국대학교 교수로 임용되었다. 1950년 6·25전쟁이 일어나자 같은 해 월북해 평양미술대학 교수가 된 이후 조선미술가동맹 조선화분과위원장, 과학원 고고학연구소 연구원 등으로 활동하다 1967년 작고했다. 그림으로 〈수향산방 전경〉(1947) 〈매화〉(1948) 〈춤〉(1958) 등이 있으며, 지은 책으로 『근원수필』(1948) 『조선미술대요』(1949) 『고구려 고분벽화 연구』(1958) 『조선화 기법』(1959) 『조선미술사』(1967) 『단원 김홍도』(1967) 등이 있다.

한국의 아름다운 문장 2

근원수필

김용준 지음

초판 1쇄 발행 2022년 5월 13일
2쇄 발행 2025년 4월 28일

지은이	김용준
펴낸곳	청색종이
펴낸이	김태형
인쇄	범선문화인쇄
등록	2015년 4월 23일 제374-2015-000043호
주소	서울시 영등포구 문래동2가 14-15
전화	010-4327-3810
팩스	02-6280-5813
이메일	bluepaperk@gmail.com

ⓒ 김용준, 2022

ISBN 979-11-89176-85-3 03810

이 도서는 저작권법에 따라 보호받는 저작물이므로 저작권자와 출판사의 허락을 받아야 복제하거나 다른 용도로 사용할 수 있습니다.

값 12,000원